일본어의 발음과 악센트

전성용 저

머리말

 저자는 일본어라는 외국어를 지도하는 교육자의 입장에서 외국어 학습에 있어서 가장 기초가 되면서도 힘든 부분이 발음이라 생각한다. 그 이유는 외국어를 사용하는데 있어 발음이 정확하지 않거나 악센트가 틀리면 의사소통이 제대로 되지 않아 오해를 불러일으킬 수도 있기 때문이다.

 한국 내에서 일본어를 학습하고 있는 사람은 상당히 많다. 그에 따른 일본어 교재도 무척이나 많다. 하지만 외국어로서의 일본어, 그리고 그에 따른 발음에 관한 서적은 거의 찾아 볼 수 없으며, 일본어를 가르치는 사람이나 배우는 사람 모두 발음, 또는 악센트를 무시해 버리는 것이 우리의 현실이라 느껴진다.

 그리하여, 저자는 초급 외국어 학습자에게 있어서 발음은 반드시 거쳐야할 학습단계라 생각하여, 학부시절 동경 외국어 대학의 佐久間선생님에게서 배운 강의내용을 바탕으로, 또 일본어의 발음.악센트에 관한 서적과 사전 등을 참고하여 이 책을 집필하였다. 단지, 이 책을 출판하면서 바라고 싶은 것이 있다면, 일본어를 공부하는 사람들에게 있어서 일본어다운 일본어를 발음하는데 조금이나마 도움이 되었으면 하는 바이다.

 마지막으로 이 책이 나오기까지 삽화를 해 주신 최 혜정 자매와 음으로 양으로 도와 주신 조 중선 조교에게 지면을 통해 감사의 뜻을 전하며, 하나님께 영광과 감사를 돌려 드립니다.

우암산 중턱에서

목차

제1장 일본어의 발음

1. 일본어의 특징 ·················5
   1) 문자의특징 ·················5
   2) 발음의특징 ·················6
2. 일본어의 음성 ·················12
3. 일본어의 발음 ·················16
   1) 단음과 장음 ·················34
   2) 청음과 탁음 ·················38
   3) 촉음의 유무 ·················53
   4) 요음과 직음 ·················57
   5) 반탁음과 탁음 ·················60
   6) 그 외의 것 ·················61

제2장 일본어의 악센트

1. 일본어의 악센트의 특징 ·················71
   1) 악센트를 결정하는 말들 ·················75
   2) 동음이의어의 경우 ·················81
   3) 그 외 단어의 악센트 ·················97
2. 동사의 경우 ·················115
3. 형용사의 경우 ·················120
4. 부사의 경우 ·················126
5. 접속사의 경우 ·················131

제1장 일본어의 발음

제1장 일본어의 발음

1. 일본어의 특징

1> 文字의 특징

일본어의 문자는 크게 히라가나(ひらがな), 가타카나(カタカナ), 한자(漢字)의 세 종류로 나뉘어 진다.

ひらがな는「安→あ」「女→め」와 같이 한자를 흘려서 만든 것으로서 주로 순수한 일본어 (やまとことば)를 ひらがな로 나타내며, カタカナ는「伊→イ」「宇→ウ」와 같이 한자의 한 부분을 떼어내서 만든 것으로 일반적으로 외래어를 표기할 때 カタカナ를 사용하며, 漢字는 漢語를 나타낼 때 주로 사용한다.

(※ 옛날 중국(예; **漢·唐·呉**등)에서 들어온 말은 외래어가 아님) 그런데, 주의해야 할 점은 원래 漢字는 중국에서 만들어져서 한국과 일본에 전해진 것이며, 지금도 중국과 함께 한국과 일본에서도 漢字가 쓰이고 있지만 일반적으로 이야기하면, 현재 중국에서 쓰이는 漢字와 한국에서 쓰이고 있는 漢字와 일본의 漢字는 서로 다르다는 것이다. 물론 같은 漢字가 전혀 없다는 뜻이 아니지만, 한국이 가장 보수적으로 원래의 한자이며, 일본의 한자는 略字체이며, 중국의 한자는 간자체이다.

한국	일본	중국
藝	芸	艺
樂	樂	乐
專	専	专
軍	軍	军
個	個	个
聲	声	声
雪	雪	雪
萬	万	万

또한 일본에서는 国字라 하여 일본에서 만든 漢字도 있으므로 주의해야 한다.

: 働, 峠, 躾, 辻, 畑 등

2)발음의 특징

말이 글과 다른 점은, 말에는 글에 없는 여러 가지 특징이 있는데, 크게 세가지를 들 수 있다. 첫번째로는 일반적으로 억양이라 불리우는 인터네이션(Intonation)이 있으며(注1), 두번째로는 프로미넌스(Prominence)가 있고(注2), 세번째로는 악센트(Accent)를 들 수가 있다.

인터네이션과 프로미넌스는 문장(일본어의 경우;文)안에서 나타나고(注3), 악센트는 단어 속에서 나타나는 것이 특징이다. (단어 속에 존재한다).

이들 중 악센트를 나타내는 수단과 방법은 각 언어에 따라 다르다. 한국어(표준어의 경우)와 같이 일반적으로 악센트가 없다고 불리우는 언어가 있는가 하면, 영어와 같이 강약(세고 약함)으로 나타내는 언어가 있으며(Stress Accent), 중국어와 같이 고.저(높고 낮음)로 악센트를 나타내는 언어도 있다(Pitch Accent).

일본어는 중국어와 같이 고.저 악센트로 나타내는 언어이지만, 일본어가 중국어와 다른 점은, 중국어의 경우는 한 음절(拍) 안에서도 악센트의 변화가 이루어지지만(예; 馬 mVa), 일본어의 경우는 한 음절(拍) 안에서는 악센트의 변화가 없다는 사실이다.

영어권 사람들이 우리나라 말을 할 때, 단어에 악센트가 존재하지 않는(표준어의 경우) 한국어를 영어와 같이 단어에 강약의 악센트를 넣어서 이야기하는 것을 우리는 종종 들을 수 있는데, 이런 경우 우리는 일반적으로 그 사람의 얼굴을 보지 않고 목소리만 듣고도 서양 사람인지를 알 수 있다. 마찬가지로 우리는 같은 동양인이 구사하는 한국어만 듣고도 그 사람이 중국 사람인지 일본 사람인지도 구별이 가능하다.

단어에 악센트가 있는 영어를 악센트가 없는 한국어와 같이 처음부터 끝까지 악센트 없이 평탄하게 발음할 때, 영어다운 영어로 들리지 않듯이 일본어 또한 마찬가지이다.

아무리 일본어를 잘하고 단어를 많이 외우고 있어도, 악센트가 틀리면 외국 사람 혹은 지방 출신의 사람이 아닌가 하는 느낌을 받게 된다. 여기서 지방이라고 하는 것은, 일본어의 경우, 각 지방마다 악센트가 틀리기 때문에 외국인에게 있어서는 주의를 기울여야 하는 부분이다. 특히, 일본의 수도인 동경말(관동지방)과 오오사카말(관서지방)은 일반적으로 정반대가 되는 경우가 많다.

토-쿄- 말	ハシ (젓가락;箸),	ハシ (다리;橋)
오오사카 말	ハシ (젓가락;箸),	ハシ (다리;橋)

위에서 보여지는 것과 같이 동경에 거주하는 사람이 동경말의 악센트와 틀린 말을 구사할 때 다른 지방 출신의 사람이라는 느낌을 받게 되는 것이다.

대부분의 언어에는 동음이의어가 있지만, 특히 일본어의 경우는 동음이의어가 많기 때문에 그 의미(뜻)를 오해 없이 전달하는 데에 악센트가 상당히 유용하게 쓰인다. 그렇기 때문에 사람과 대화하는데 있어서 악센트가 틀리게 되면, 말하는 사람과 듣는 사람사이에 있어서의 의미 전달에 상당한 곤란을 일으켜 의사소통이 되지 않는 경우도 있으며, 오해를 불러일으키기도 한다.

- **명사의 경우**
    アメ(雨)、 カキ(牡蠣)、 デンキ(電気)、
    アメ(飴) カキ(柿) デンキ(伝記)

- **동사의 경우**
    カウ(飼う)、 キル(切る)、 カエル(帰る)、
    カウ(買う) キル(着る) カエル(変える)

- **그 외의 경우**
    イッパイ(一杯)
    イッパイ(가득, 많이)

ニワニワ ニワトリガ イル。(庭には鶏がいる)
ニワニワ ニワ トリガ イル。(庭には2羽鳥がいる)
ニワ ニワニワ トリガ イル。(2羽庭には鳥がいる)

그렇기 때문에 일본어다운 일본어(여기서는 토-쿄-말을 기준으로 해서 이야기 함)을 하기 위해서는 악센트를 바로 찾아서 바로 써야 함은 두 말할 필요도 없다. 그렇지 못하면 아무리 일본에서 오래 살고, 아무리 일본어를 잘 하는 것처럼 느껴져도 어디까지나 외국 사람이 쓰는 일본어, 즉, 일본어다운 일본어가 되지 못한다.

이와 같은 의미에서 토-쿄-말을 기준으로 하여, 일본어다운 일본어를 쓰기 위해서는 일본어의 악센트의 특징을 알아야 하는데, 여기에 관해서는 각 장에서 자세히 논하기로 한다.

발음에 관하여 이야기하고 싶은 것 중의 또 하나는 音의 長短에 관한 것이다. 우리나라 말 가운데도 음의 長短에 따라 그 의미가 달라지는 예가 있다. 아니, 너무너무 많다.

굴(바다 조개류)	굴ː(窟)
눈(目)	눈ː(雪)
말(馬)	말ː(言)
발(足)	발ː(가리는 것)
밤(夜)	밤ː(栗)
귀국(帰国)	귀ː국(貴国)
전술(前述)	전ː술(戦術)
전승(全勝)	전ː승(戦勝)
전신(全身)	전ː신(電信)
정당(政党)	정ː당(正当)
정상(頂上)	정ː상(正常)
원수(元首)	원ː수(怨讐)

그러나 우리들은 일상생활 속에서 위의 단어를 사용할 때, 그다지 음의 장단을 구분하지 않고(어떻게 보면 대충대충) 사용하고 있는데, 이

音의 長短을 구분하지 않는 이것이 외국어로서 일본어를 학습하는데 크게 걸림돌이 된다. 왜냐하면 일본어는 다음의 예에서 보여지는 것과 같이 음의 장단에 따라 그 의미가 다르므로, 이 音의 長短이 틀리게 되면 의미가 전달되지 않거나 오해를 불러일으키게 되기 때문이다.

オバサン; 叔母さん	キョネン; 去年
オバーサン; お祖母さん	キョーネン; 凶年
サッカ; 作家	シュカン; 主観
サッカー; soccer	シューカン; 習慣
シュジン; 主人	ショジョ; 処女
シュージン; 囚人	ショージョ; 少女
センシュ; 選手	ビル; building
センシュー; 先週	ビール; beer

그런데 이 소리의 長音을 カタカナ의 경우는 위에서 보여지는 것과 같이 線(예:「ー」)으로 나타내며, ひらがな의 경우는 다음에서 보여지는 것과 같이 あ行으로 나타낸다.

① [a]의 장음은 [あ]로 표기한다.
  : **おばあさん、おかあさん、**
② [i]의 장음은 [い]로 표기한다.
  : **おにいさん、おじいさん**
③ [u]의 장음은 [う]로 표기한다.
  : **しゅうかん、くうかん**
④ [e]의 장음은 [え]로 표기한다.
  : **おねえさん、**

그러나 다음과 같이 한자어에서는 [e]의 장음을 [い]로 표기한다.
: せんせい(先生)、えいご(英語)

⑤ [o]의 장음은 [お][う]로 표기한다.
　　[お]의 경우 : おおさか、とおり、
　　[う]의 경우 : とうきょう、ようにん、

注1　한 문장(文)에 있어서, 의문문일 경우는 그 문장의 끝을 올리며, 평서문일 경우는 끝을 내리는 것을 가리킨다.
예를 들면, 다음에서 보여지는 것과 같이 일본어의 경우 의문문을 만들 때 일반적으로 문장(文) 맨 뒤에 의문조사「か」를 붙여서 만드는 것이 보통이지만

　　　雨が ふります。(비가 옵니다.)
　　　雨が ふりますか。(비가 옵니까?)

의문조사「か」를 붙이지 않고도 평서문의 끝을 올리면 의문문이 된다. 바꾸어 말하면 같은 문장을 인토네이션 하나로 의문문이 되기도 하고, 평서문이 되기도 한다.

　　　雨が ふります。(평서문)
　　　雨が ふります。(의문문)

注2　이것은 한 문장(文)에 있어서 강조하고 싶은 부분을 강하게 발음하는 것을 말한다. 예를 들면,

　　[나는 어제 청주에서 헌 책을 샀다.]

라는 문장(文)에 있어서,「어제」를 강조하게 되면「너는 언제 청주에서 헌 책을 샀니?」에 대한 대답이 되며,「청주에서」를 강조하게 되「너는 어제 어디서 헌 책을 샀니?」에 대한 대답이 되며,「헌 책을」강조하게 되면「너는 어제 청주에서 무엇을 샀니?」에 대한 대답이 된다.
이렇듯 한 문장(文) 안에서 강조하고 싶은 부분을 강하게 발음하는 이것을 프로미낸스라고 한다.

注3 문장(文)이라고 표기하는 이유는 한국어와 일본어의 개념이 다르기 때문이다. 이 두 나라의 용어의 개념을 비교해 보면

. 한국어의 경우 : 단어 < 어절 < 문장 < 단락, 문단 < 글
. 일본어 의 경우 : 단어 < 문절 < 文 < 단락   < 문장

이기에 개념의 차이가 있으므로(한국어의 「문장」에 해당하는 것이, 일본어의 경우에는 「文」이다.) 문장(文)이라 표기했다.

2. 일본어의 음성(音声)

「さくら」라는 말을 잘게 나누어서 발음하면 サ.ク.ラ가 된다. 이 하나하나의 음성의 단위를 「음절(音節)」이라 하는데, 그러기에 「さくら」는 세 개의 음절로 된 말이다.

그런데 이「サ.ク.ラ」를 로마자 표기로 나타내보면「s.a.k.u.r.a」와 같이 나눌 수 있다. 이 로마자 표기 하나에 해당하는 음성의 단위를「단음(単音)」이라 한다.

단음은「모음」과「자음」으로 나눌 수 있다. 모음은 성대를 울려서 내는 소리를, 구강에서 공명시켜 만드는데, 소리를 낼 때에 구강 또는 입술의 형태, 혀의 위치등에 의해 a.i.u.e.o 가 된다. 오십음도(五十音図)중의「あ.い.う.え.お」는 모음만으로 된 음절이다.

한편, 자음은 입술, 혀, 이(歯)등의 작용에 의해 뱉는 숨통로가 좁혀지던지 막혀지던지 해서 발음되는 음성이다. 예를 들면,「sa(さ)ku(く)ra(ら)」의 s.k.r의 부분이 자음을 나타내는데, 일본어 음절의 대부분은 하나의 자음과 하나의 모음으로 되어있다고 할 수 있다.

청 음(清音)

あ[a]	か[ka]	さ[sa]	た[ta]	な[na]	は[ha]	ま[ma]	や[ya]	ら[ra]	わ[wa]	ん
い[i]	き[ki]	し[shi]	ち[chi]	に[ni]	ひ[hi]	み[mi]		り[ri]		
う[u]	く[ku]	す[sɯ]	つ[tsu]	ぬ[nu]	ふ[hu]	む[mu]	ゆ[yu]	る[ru]		
え[e]	け[ke]	せ[se]	て[te]	ね[ne]	へ[he]	め[me]		れ[re]		
お[o]	こ[ko]	せ[se]	と[to]	の[no]	ほ[ho]	も[mo]	よ[yo]	ろ[ro]	を[wo]	

오십음도의 종열(세로)은 자음이 같으며「행(行)」이라 하고, 횡열(가로)은 모음이 같으며「단(段)」이라 한다. 더욱이 이 오십음도에 써 있지 않은 음절로서, 탁음(濁音)(「ガ.ザ.ダ.バ」行)과 반탁음(半濁音)(「パ」行)이 있으며,

탁음				반탁음
が[ga]	ざ[za]	だ[da]	ば[pa]	ぱ[pa]
ぎ[gi]	じ[zi]	ぢ[zi]	び[pi]	ぴ[pi]
ぐ[gu]	ず[zɯ]	づ[zɯ]	ぶ[pu]	ぷ[pu]
げ[ge]	ぜ[ze]	で[de]	べ[pe]	ぺ[pe]
ご[go]	ぞ[zo]	ど[do]	ぼ[po]	ぽ[po]

또, 요음(拗音)이라 불리우는 「キャ.キュ.キョ……」가 있다.

きゃ [kya]	しゃ [sha]	ちゃ [cha]	にゃ [nya]	ひゃ [hya]	みゃ [mya]	りゃ [rya]
きゅ [kyu]	しゅ [shu]	ちゅ [chu]	にゅ [nyu]	ひゅ [hyu]	みゅ [myu]	りゅ [ryu]
きょ [kyo]	しょ [sho]	ちょ [cho]	にょ [nyo]	ひょ [hyo]	みょ [myo]	りょ [ryo]
ぎゃ [gya]	じゃ [ja]			びゃ [bya]		
ぎゅ [gyu]	じゅ [ju]			びゅ [byu]		
ぎょ [gyo]	じょ [jo]			びょ [byo]		
				ぴゃ [pya]		
				ぴゅ [pyu]		
				ぴょ [pyo]		

게다가 특별한 음(音)으로서 「ン」(발음;撥音)과 「ッ」(촉음; 促音)등이 있는데, 「かんこく(한국)」의 「ン」, 「がっこう(학교)」의 「ッ」가 바로 그 것인데, 이것들은 모두 특수음절로서 1拍(한 박자)의 길이를 가진다. 예를 들면 일본어를 한국어로 표기하는 것 그 자체가 무리이기는 하지만, 굳이 설명을 위하여 표기해 본다면, 학교를 의미하는 일본어는 「学校:がっこう」인데, 이것은 「각고ー」의 3음절이 아니라 「가악고ー」

와 같이 4음절로 발음을 해야하며, 「韓国; かんこく」도 「캉코크」가 아니라 「카앙코크」의 4음절로 발음해야 한다는 것이다.

그런데 이 촉음 「ッ」는 다음에서 보여지는 것과 같이, 그 다음에 오는 자음의 영향을 받아 뒷 자음과 같이 발음하게 되며,

「一回: いっかい」 → [ikkai]
「一切: いっさい」 → [issai]
「一体: いったい」 → [ittai]
「一杯: いっぱい」 → [ippai]

발음 「ン」도 뒤에 오는 자음의 영향을 받아 실제의 발음이 다음과 같이 변한다. 이와 같이 뒤에 오는 조건에 의해 音이 바뀌는 것을 조건이음(allophone)이라 하는데, 撥音인 「ン」의 경우는 다음과 같다.

1. バ行[b].パ行[p].マ行[m] 앞의 「ン」은 [m:]으로 발음된다. (우리나라 발음으로는 [ㅁ]이 됨)

    : さんばん(三番)、さんぽ(散歩)、さんま(秋刀魚;꽁치)

2. ザ行[z].タ行[t].ダ行[d].ナ行[n].ラ行[r] 앞의 「ン」은 [n:]으로 발음된다. (우리나라 발음으로는 [ㄴ]이 됨)

    : はんざい(犯罪).かんたん(簡単).はんだん(判断). ざんねん(残念).くんれん(訓練)

3. カ行[k].ガ行[g] 앞의 「ン」은 [ŋ:]으로 발음된다. (우리나라 발음으로는 [ㅇ]이 됨)

    : さんか(参加).まんが(漫画)

4. ア行[a].サ行[s].ヤ行[y].ワ行[w] 앞의 「ン」은 [ɯ:]으로 발음된다. (우리나라 발음으로는 [ㄴ]이 됨)

    : れんあい(恋愛).じんせい(人生).ほんや(本屋). しんわ(神話)

5. 어말(語末)에 「ン」이 올 때는 [N:] 이 된다.
   (우리나라 발음으로는 [ㄴ]이 됨)

   : ほん(本), パン, ペン

3. 일본어의 발음

◇ 청 음

あ.ア [a]　あり　⋯⋯⋯▶

い.イ [i]　いえ　⋯⋯⋯▶

う.ウ [u]　うま　⋯⋯⋯▶

え.エ [e]　えんぴつ　⋯⋯⋯▶

お.オ [o]　おとこ　⋯⋯⋯▶

か.カ [ka]   かめ

き.キ [ki]   き

く.ク [ku]   くつ

け.ケ [ke]   けしゴム

こ.コ [ko]   コアラ

さ.サ [sa]   かさ

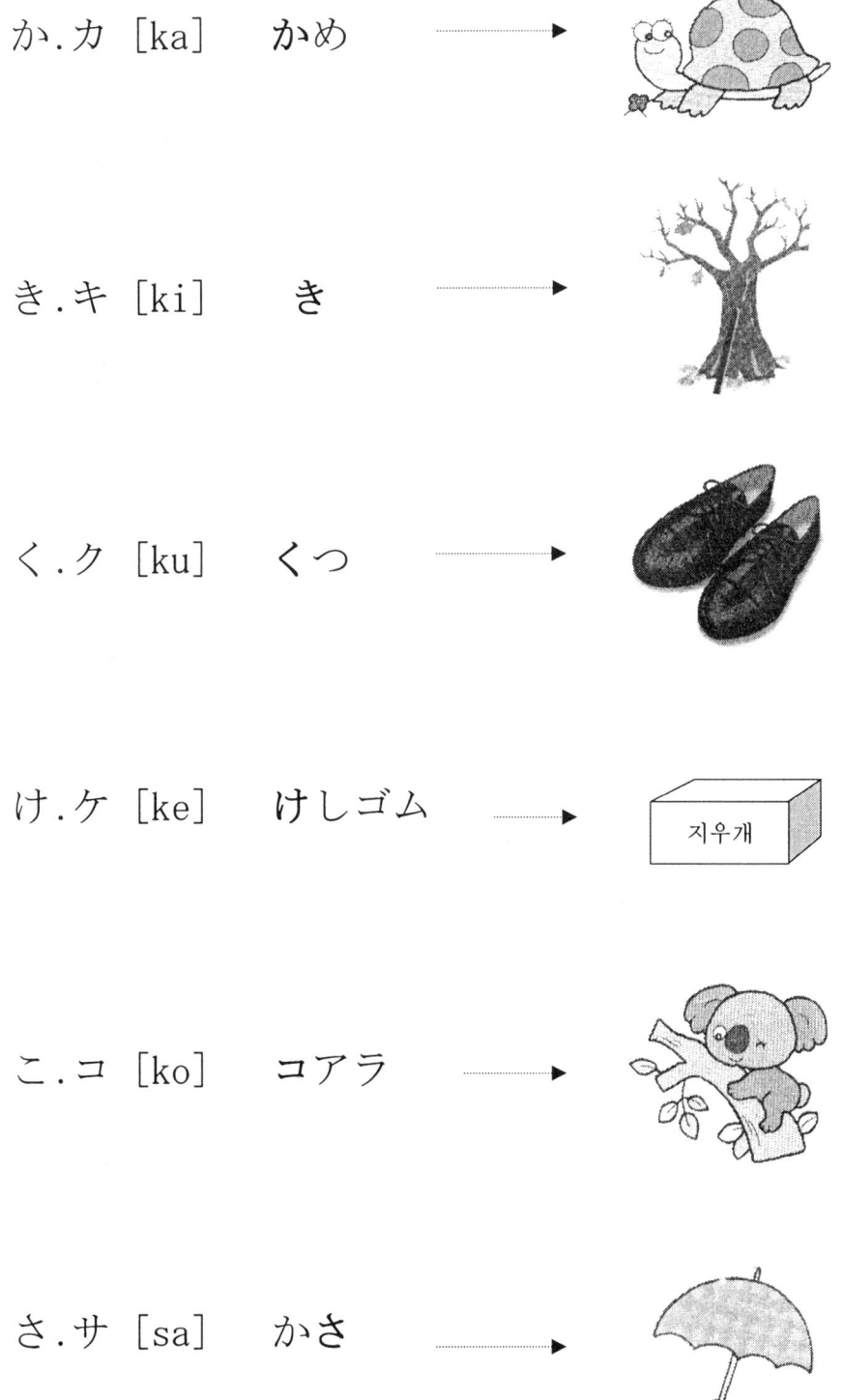

し.シ [shi]　しか　⋯⋯⋯▶

す.ス [sɯ]　すいか　⋯⋯⋯▶

せ.セ [se]　せみ　⋯⋯⋯▶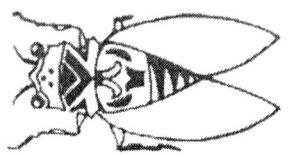

そ.ソ [so]　ろうそく　⋯⋯⋯▶

た.タ [ta]　たぬき　⋯⋯⋯▶

ち.チ [chi]　はち　⋯⋯⋯▶

つ.ツ [tsu]　つくえ　┈┈▶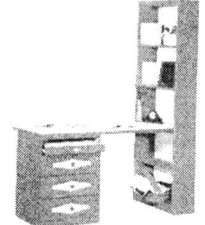

て.テ [te]　て　┈┈▶

と.ト [to]　とけい　┈┈▶

な.ナ [na]　なし　┈┈▶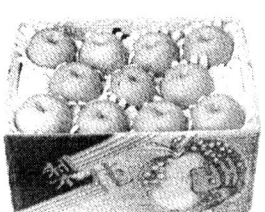

に.ニ [ni]　かに　┈┈▶

ぬ.ヌ [nu]　いぬ　┈┈▶

ね.ネ [ne]　ねこ　┈┈▶

の.ノ [no]　ノート　┈┈▶

は.ハ [ha]　はさみ　┈┈▶

ひ.ヒ [hi]　ひまわり　┈┈▶

ふ.フ [hu]　ふね　┈┈▶

へ.ヘ [he]　へや　┈┈▶

ほ.ホ [ho]　ほし

ま.マ [ma]　まど

み.ミ [mi]　みみ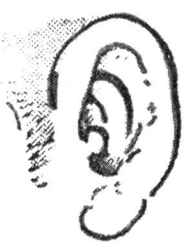

む.ム [mu]　むし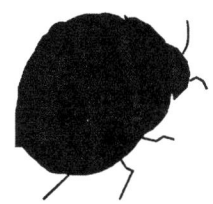

め.メ [me]　カメラ

も.モ [mo]　もも

や.ヤ ［ya］　やかん　------▶

ゆ.ユ ［yu］　ゆり　------▶

よ.ヨ ［yo］　ヨット　------▶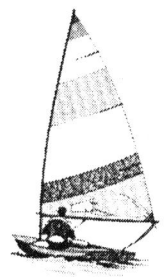

ら.ラ ［ra］　とら　------▶

り.リ ［ri］　とり　------▶

る.ル ［ru］　かえる　------▶

れ.レ [re]　テレビ

ろ.ロ [ro]　さいころ

わ.ワ [wa]　わに

を.ヲ [o]　ご飯を たべる

ん.ン[m.n.ŋ.ɯ.N]　りんご

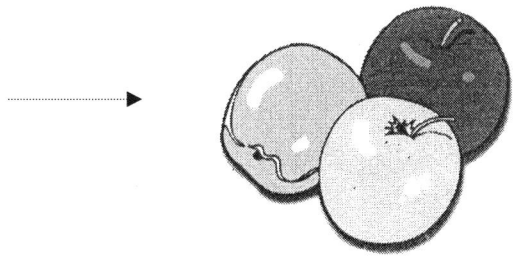

◇ 탁음

が.ガ [ga]　がっこう ┈┈▶

ぎ.ギ [gi]　うさぎ ┈┈▶

ぐ.グ [gu]　どんぐり ┈┈▶

げ.ゲ [ge]　げた ┈┈▶

ご.ゴ [go]　いちご ┈┈▶

ざ.ザ [za]　ざっし

じ.ジ [zi]　にじ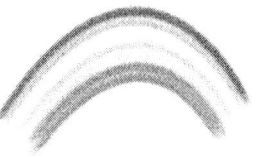

ず.ズ [zɯ]　ズボン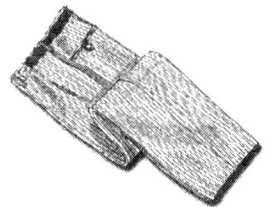

ぜ.ゼ [ze]　ゼロ

ぞ.ゾ [zo]　れいぞうこ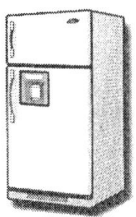

だ.ダ [da]　だいこん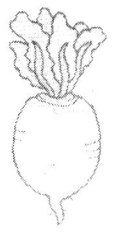

ぢ.ヂ [zi]　현대어에서는 거의 쓰이지 않는 글자이며, 발음은 「じ」와 같다.

づ.ヅ [zɯ]　つづく

현대어에서는 그다지 쓰이지 않는 글자이며, 음은 「ず」와 같다.

で.デ [de]　でんわ

ど.ド [do]　ドーナッツ

ば.バ [ba]　バナナ

び.ビ [bi]　へび

ぶ.ブ [bu]　ぶどう

べ.ベ [be]　ベッド

ぼ.ボ [bo]　ぼうし

◇ 반탁음

ぱ.パ [pa]　パイナップル

ぴ.ピ [pi]　ピアノ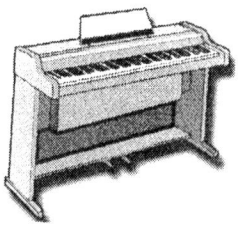

ぷ.プ [pu]　きっぷ　----▶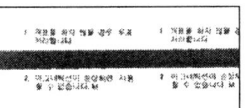

ぺ.ペ [pe]　ペンギン　----▶

ぽ.ポ [po]　たんぽぽ　----▶

◇ 요음

きゃ.キャ [kya]　キャベツ　----▶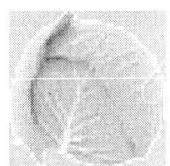

きゅ.キュ [kyu]　きゅうり　----▶

きょ.キョ [kyo]　きょうかい

しゃ.シャ [sha]　きしゃ

しゅ.シュ [shu]　ティッシュ

しょ.ショ [sho]　しょうぼうしゃ

ちゃ.チャ [cha]　おもちゃ

ちゅ.チュ [chu]　ちゅうごく

ちょ.チョ [cho]　ちょうちょう　→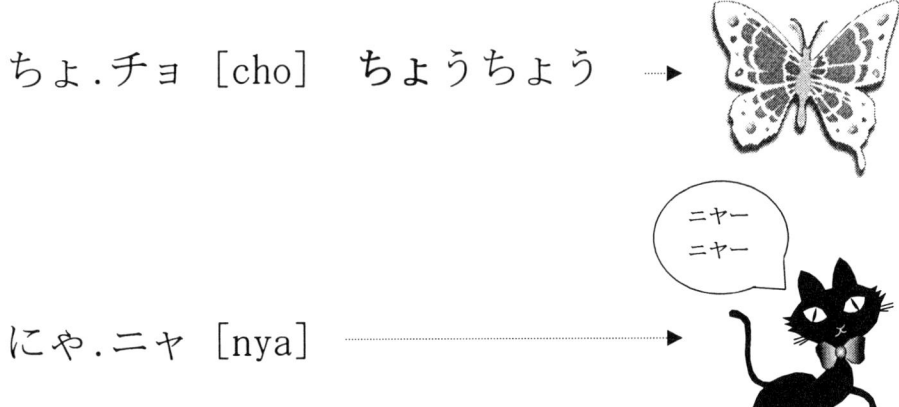

にゃ.ニャ [nya]　　　　　　　→

にゅ.ニュ [nyu]　ぎゅうにゅう　→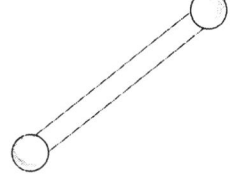

にょ.ニョ [nyo]　によいぼう　→

ひゃ.ヒャ [hya]　ひゃくえん　→

ひゅ.ヒュ [hyu]　ヒューズ　→

ひょ. ヒョ [hyo]　ひょう

みゃ. ミャ [mya]　ミャンマー

みゅ. ミュ [myu]　ミュージック

みょ. ミョ [myo]　みょうぎ

りゃ. リャ [rya]　りゃくず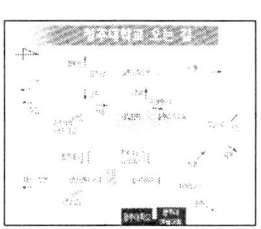

りゅ. リュ [ryu]　リュックサック

りょ.リョ ［ryo］　りょうり

ぎゃ.ギャ ［gya］　ギャラリー

ぎゅ.ギュ ［gyu］　ぎゅうにく

ぎょ.ギョ ［gyo］　きんぎょ

じゃ.ジャ ［ja］　じゃがいも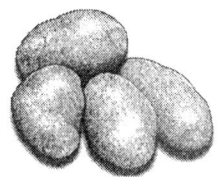

じゅ.ジュ ［ju］　じゅうじか

じょ.ジョ ［jo］　じょうぎ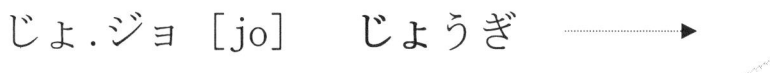

びゃ.ビャ ［bya］　さんびゃくえん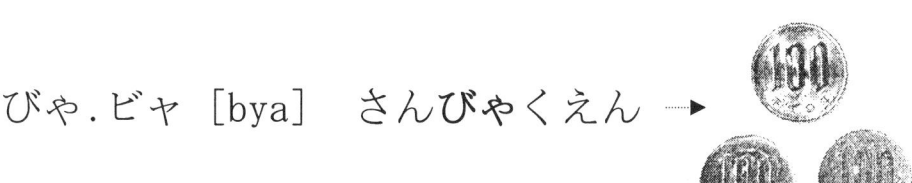

びゅ.ビュ ［byu］　ビューティー

びょ.ビョ ［byo］　びょういん

ぴゃ.ピャ ［pya］　はっぴゃくえん

ぴゅ.ピュ ［pyu］　コンピューター

ぴょ.ピョ ［pyo］　ぴょんぴょん

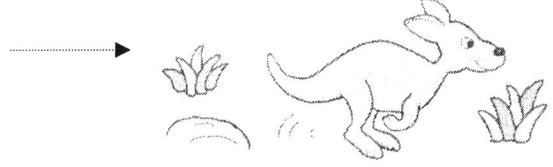

17 단음과 장음

Ⓐ ［a］와 ［aː］

1. オバサン(叔母さん)
   オバーサン(お祖母さん)

2. カ(蚊)
   カー(car)

3. カド(角)
   カード(card)

4. サッカ(作家)
   サッカー(soccer)

5. ダス(出す)
   ダース(dozen)

6. ハト(鳩)
   ハート(heart)

7. マク(蒔く)
   マーク(mark)

8. ヤド(宿)
   ヤード(yard)

Ⓑ ［i］와 ［iː］

1. イエ(家)
   イーエ(no)

2. イマス(居ます)
   イーマス(言います)

3. オジサン(叔父さん)
   オジーサン(お祖父さん)

4. キテ(來て)
   キーテ(聞いて)

5. コーヒ(公費．工費)　　　6. スキ(好き)
   コーヒー(coffee)　　　　 スキー(ski)

7. チズ(地図)　　　　　　　8. ニサン(二、三)
   チーズ(cheese)　　　　　 ニーサン(兄さん)

9. ビル(building)
   ビール(beer)

C [u] 와 [uː]

1. ウル(得る)　　　　　　　2. カク(欠く)
   ウール(wool)　　　　　　 カクー(架空)

3. クカン(区間)　　　　　　4. クツ(靴)
   クーカン(空間)　　　　　 クツー(苦痛)

5. クル(來る)　　　　　　　6. クロ(黒)
   クール(cool)　　　　　　 クーロ(空路)

7. ゲンシュ(厳守)　　　　　8. コーフ(交付．公布)
   ゲンシュー(減収)　　　　 コーフー(校風)

9. シュカン(主観)　　　　 10. シュジン(主人)
   シューカン(習慣)　　　　 シュージン(囚人)

11. センシュ(選手)　　　　 12. ス(酢)
    センシュー(先週)　　　　 スー(数)

13. スリ(소매치기)
    スーリ(数理)

14. ツチ(土)
    ツーチ(通知)

15. ホーシュ(砲手)
    ホーシュー(報酬)

16. ユソー(輸送)
    ユーソー(郵送)

Ⓓ [e] 와 [e:]

1. エキ(駅)
   エーキ(英気)

2. カイテ(買い手)
   カイテー(改定)

3. カメ(亀)
   カメー(加盟)

4. コケ(苔)
   コケー(固形)

5. セキ(席)
   セーキ(世紀)

6. ゼセー(是正)
   ゼーセー(税制)

7. ドーセ(어차피)
   ドーセー(同棲)

8. ヘヤ(部屋)
   ヘーヤ(平野)

9. メ(目)
   メー(姪)

Ⓔ [o] 와 [o:]

1. イッショ(一緒)
   イッショー(一生)

2. カド(角)
   カドー(華道)

3. キョネン(去年)
   キョーネン(凶年)

4. クロ(黒)
   クロー(苦労)

5. コイ(鯉.恋)
　　コーイ(好意.行為)

6. コーキョ(皇居)
　　コーキョー(公共)
　　コキョー(故郷)

7. ショジョ(処女)
　　ショージョ(少女)

8. ト(戸)
　　トー(十)

9. トーヨ(投与)
　　トーヨー(東洋)

10. トリ(鳥)
　　トーリ(通り)

11. トル(取る)
　　トール(通る)

12. ホート(方途)
　　ホートー(放蕩)

13. ホシュー(補習.補修)
　　ホーシュー(報酬)

14. ホショー(保証.保障)
　　ホーショー(報償)

15. ホドー(歩道)
　　ホードー(報道)

16. ホル(掘る)
　　ホール(hall)

17. ヨイ(良い)
　　ヨーイ(用意)

18. ヨジ(四時)
　　ヨージ(幼児)

19. ヨニン(四人)
　　ヨーニン(容認)

20. ヨホー(予報)
　　ヨーホー(用法)

21. ヨボー(予防)
　　ヨーボー(要望.容貌)
　　ヨーボ(養母)

22. ヨヤク(予約)
　　ヨーヤク(要約)

27 청음과 탁음

A. カ행의 경우

● 　語頭에 올 때

1. カード(card)　　　　　　2. カイ(貝)
   ガード(guard)　　　　　　 ガイ(害)

3. カイカ(開化)　　　　　　4. カイカイ(開会)
   ガイカ(外貨)　　　　　　 ガイカイ(外界)

5. カイカン(会館.快感)　　　6. カイキ(会期.怪奇)
   ガイカン(外観.概観)　　　 ガイキ(外気)

7. カイシン(改心.改新)　　　8. カイジン(怪人)
   ガイシン(外信)　　　　　　ガイジン(外人)

9. カイソー(改装.回想.回送)　10. カイテキ(快適)
   ガイソー(外装)　　　　　　 ガイテキ(外的.外敵)

11. カイトーシャ(解答者)　　12. カクシキ(格式)
    ガイトーシャ(該当者)　　　ガクシキ(学識)

13. カクシュー(隔週)　　　　14. カクメー(革命)
    ガクシュー(学習)　　　　　ガクメー(学名)

15. カシツ(過失)　　　　　　16. カッカ(閣下)
    ガシツ(画室)　　　　　　　ガッカ(学科)

17. カッキ(活気)　　　　18. カッコー(格好)
　　ガッキ(樂器)　　　　　　ガッコー(学校)

19. カム(噛む)　　　　　20. キジュツ(奇術.記述)
　　ガム(gum)　　　　　　　ギジュツ(技術)

21. キメー(記名)　　　　22. キャク(客)
　　ギメー(偽名)　　　　　　ギャク(逆)

23. キュー(九)　　　　　24. キューニュー(吸入)
　　ギュー(牛)　　　　　　　ギューニュー(牛乳)

25. キューヒ(給費)　　　26. キョーカイ(協会.教会)
　　ギューヒ(牛皮)　　　　　ギョーカイ(業界)

27. キョーセー(強制)　　28. キョーム(教務)
　　ギョーセー(行政)　　　　ギョーム(業務)

29. キョーレツ(強烈)　　30. キン(金)
　　ギョーレツ(行列)　　　　ギン(銀)

31. キンカ(金貨)　　　　32. クチ(口)
　　ギンカ(銀貨)　　　　　　グチ(愚痴)

33. クラス(class)　　　　34. ケー(刑)
　　グラス(glass)　　　　　　ゲー(芸)

35. ケーカイ(警戒)　　　36. ケーダイ(慶大)
　　ゲーカイ(芸界)　　　　　ゲーダイ(芸大)

37。 ケンキン(献金)　　　　38。 ケンコー(健康)
　　ゲンキン(現金)　　　　　　ゲンコー(原稿)

39。 ケンコク(建国)　　　　40。 ケンジツ(堅実)
　　ゲンコク(原告)　　　　　　ゲンジツ(現実)

41。 ケンシュー(研修)　　　42。 ケンリ(権利)
　　ゲンシュー(減収)　　　　　ゲンリ(原理)

43。 コイ(恋.鯉)　　　　　 44。 コーカ(効果)
　　ゴイ(語彙.語意)　　　　　 ゴーカ(豪華)

45。 コーゾク(皇族)　　　　46。 コーチョク(硬直)
　　ゴーゾク(豪族)　　　　　　ゴーチョク(剛直)

47。 コクシ(酷使)　　　　　48。 コクヒ(国費)
　　ゴクシ(獄死)　　　　　　　ゴクヒ(極秘)

49。 コゴ(古語)　　　　　　50。 コム(込む)
　　ゴゴ(午後)　　　　　　　　ゴム(gom)

● 　語中 또는 語末에 올 때

1。 アケル(開ける)　　　　 2。 イキ(息)
　　アゲル(上げる)　　　　　　イギ(意義)

3。 ウワキ(浮気)　　　　　 4。 カイカ(開化)
　　ウワギ(上着)　　　　　　　カイガ(絵画)

5. カイカイ(開会)　　　6. カイカン(会館)
   カイガイ(海外)　　　　カイガン(海岸)

7. カイキ(会期)　　　　8. カキ(垣)
   カイギ(会議)　　　　　カギ(鍵)

9. カク(欠く)　　　　　10. カコー(河口.火口)
   カグ(嗅ぐ)　　　　　　カゴー(化合)

11. カンケー(関係)　　　12. カンコ(歓呼)
    カンゲー(歓迎)　　　　カンゴ(看護)

13. カンコク(韓国)　　　14. キキ(危機)
    カンゴク(監獄)　　　　キギ(木々)

15. キコー(気候)　　　　16. ギンカ(銀貨)
    キゴー(記号)　　　　　ギンガ(銀河)

17. クキ(茎)　　　　　　18. ケーケン(経験)
    クギ(釘)　　　　　　　ケーゲン(軽減)

19. ケーコ(稽古)　　　　20. コーカイ(後悔.航海)
    ケーゴ(警護)　　　　　コーガイ(郊外)

21. サケル(避ける)　　　22. サンカイ(散会.散開)
    サゲル(下げる)　　　　サンガイ(惨害.三階)

23. シンコー(信仰)　　　24. スキ(好き)
    シンゴー(信号)　　　　スギ(杉)

25。セーカク(性格．正確)　　26。ツキ(月)
　　セーガク(声樂)　　　　　　ツギ(次)

27。トーケー(統計)　　　　28。マケル(負ける)
　　トーゲー(陶芸)　　　　　　マゲル(曲げる)

B。サ행의 경우

● 語頭에 올 때

1。サッカ(作家)　　　　　2。サッシ(察し)
　　ザッカ(雑貨)　　　　　　　ザッシ(雑誌)

3。サンギョー(産業)　　　4。サンブ(三部)
　　ザンギョー(残業)　　　　　ザンブ(残部)

5。サンブツ(産物)　　　　6。サンリュー(三流)
　　ザンブツ(残物)　　　　　　ザンリュー(残留)

7。シ(死．市)　　　　　　8。シカイ(司会)
　　ジ(字)　　　　　　　　　　ジカイ(次回)

9。シダイ(私大)　　　　　10。シュー(週)
　　ジダイ(時代)　　　　　　　ジュー(十)

11。シンコー(進行．信仰)　12。シンゾー(心臓)
　　ジンコー(人工．人口)　　　ジンゾー(腎臓)

13. シンブツ(神仏) 14. ス(酢)
    ジンブツ(人物)   ズ(図)

15. スイブン(水分) 16. セー(性.姓)
    ズイブン(대단히.아주) ゼー(税)

17. セン(千.線) 18. センジツ(先日)
    ゼン(全.禅)   ゼンジツ(前日)

19. センブ(千部) 20. ソー(僧)
    ゼンブ(全部)   ゾー(象)

21. ソーガク(総額) 22. ソーショク(装飾)
    ゾーガク(増額)   ゾーショク(増殖)

23. ソーシン(送信) 24. ソーセツ(創設)
    ゾーシン(増進)   ゾーセツ(増設)

25. ソクセー(速成) 26. ソクホー(速報)
    ゾクセー(属性)   ゾクホー(続報)

● 語中 또는 語末에 올 때

1. アサ(麻) 2. アシ(足)
   アザ(멍)   アジ(味)

3. イシ(石) 4. イショー(衣装)
   イジ(意地)   イジョー(以上)

5. イス(椅子)　　　　　　　6. ウス(臼)
   イズ(伊豆:지명)　　　　　　ウズ(渦)

7. カイシン(改心.改新)　　　8. ガイシン(外信)
   カイジン(怪人)　　　　　　ガイジン(外人)

9. カイソー(改装.回送.海藻)　10. カショー(過小)
   カイゾー(改造)　　　　　　カジョー(過剰)

11. キューソー(急送)　　　　12. コーソー(構想.高層)
    キューゾー(急増)　　　　　コーゾー(構造)

13. コーソク(高速.拘束)　　　14. サイセン(再選)
    コーゾク(後続.皇族)　　　　サイゼン(最善)

15. シセン(視線)　　　　　　16. ショーソー(焦燥)
    シゼン(自然)　　　　　　　ショーゾー(肖像)

17. ジョーソー(上層.情操)　　18. ジョシ(女子)
    ジョーゾー(醸造)　　　　　ジョジ(女児)

19. ススメ(進め.勧め)　　　　20. センサイ(先妻.戦災)
    スズメ(雀)　　　　　　　　センザイ(洗剤.潜在)

21. ソーソー(早々)　　　　　22. ダンシ(男子)
    ソーゾー(想像.創造)　　　　ダンジ(男児)

23. チョーショ(長所)　　　　24. ドーソー(同窓)
    チョージョ(長女)　　　　　ドーゾー(銅像)

25. ナイサイ(内妻)　　　26. ナイシツ(内室)
    ナイザイ(内在)　　　　ナイジツ(内実)

27. ナイソー(内装)　　　28. ハシ(橋)
    ナイゾー(内蔵.内臓)　　ハジ(恥)

29. ハシル(走る)　　　　30. ヒシュー(悲愁)
    ハジル(恥じる)　　　　ヒジュー(比重)

31. ヒショー(飛翔)　　　32. フソク(不足)
    ヒジョー(非常.非情)　　フゾク(付属)

33. ヘンサイ(返済)　　　34. ヘンソー(返送.変装)
    ヘンザイ(遍在)　　　　ヘンゾー(変造)

35. ホーシュー(報酬)　　36. ホシュー(補修.補習)
    ホージュー(放縦)　　　ホジュー(補充)

37. マサル(勝る)　　　　38. ユーショー(優勝)
    マザル(混ざる)　　　　ユージョー(友情)

39. ユスル(揺する)
    ユズル(譲る)

C. タ행의 경우

● 語頭에 올 때

1. タイイ(体位.大尉.退位)　　2. タイガク(退学)
   ダイイ(題意)　　　　　　　　ダイガク(大学)

3. タイキン(大金)　　　　　　4. タイシ(大使)
   ダイキン(代金)　　　　　　　ダイシ(第四)

5. タク(炊く)　　　　　　　　6. タス(足す)
   ダク(抱く)　　　　　　　　　ダス(出す)

7. タメ(〜위하여, 때문에)　　8. タンゴ(単語)
   ダメ(駄目)　　　　　　　　　ダンゴ(団子)

9. タンスイ(淡水)　　　　　　10. タンセー(嘆声)
   ダンスイ(断水)　　　　　　　ダンセー(男性.弾性)

11. タンテー(探偵)　　　　　　12. タントー(担当)
    ダンテー(断定)　　　　　　　ダントー(暖冬.断頭)

13. タンボー(探訪)　　　　　　14. タンペン(短編)
    ダンボー(暖房)　　　　　　　ダンペン(断片)

15. テキ(敵)　　　　　　　　　16. テグチ(手口)
    デキ(出來)　　　　　　　　　デグチ(出口)

17. テル(照る)　　　　　　　　18. テンキ(天気)
    デル(出る)　　　　　　　　　デンキ(電気)

19. テンシ(天使)　　　　　　　20. テンジキ(点字機)
    デンシ(電子)　　　　　　　　デンジキ(電磁気)

21. テンセン(点線)　　　　　22. テンソー(転送)
　　デンセン(電線)　　　　　　　デンソー(電送.伝送)

23. トーイツ(統一)　　　　　24. トーキ(冬季.陶器)
　　ドーイツ(同一)　　　　　　　ドーキ(同期.銅器)

25. トーキョー(東京; 지명)　26. トージ(当時)
　　ドーキョー(同郷)　　　　　　ドージ(同時)

27. トーセー(統制)　　　　　28. トーセン(当選)
　　ドーセー(銅製.同姓)　　　　ドーセン(銅線.銅銭)

29. トーゼン(当然)　　　　　30. トーソー(逃走)
　　ドーゼン(同然)　　　　　　　ドーソー(同窓)

31. トーメイ(透明.党名)　　 32. トーヤク(投薬)
　　ドーメイ(同盟.同名)　　　　ドーヤク(同役)

33. トク(得)　　　　　　　　34. トル(取る)
　　ドク(毒)　　　　　　　　　　ドル(dollar)

● 【 語中 또는 語末에 올 때 】

1. アシタ(明日)　　　　　　2. イタイ(遺体)
　　アシダ(足駄)　　　　　　　　イダイ(偉大.医大)

3. イテン(移転)　　　　　　4. イト(意図.糸)
　　イデン(遺伝)　　　　　　　　イド(井戸.緯度)

5. オトシ(お年)　　　　　6. オトリ(囮)
　　オドシ(脅し)　　　　　　オドリ(踊り)

7. カイタイ(解体)　　　　　8. カイタク(開拓)
　　カイダイ(改題)　　　　　カイダク(快諾)

9. カイタス(買い足す)　　10. カイトー(解答)
　　カイダス(買い出す)　　　カイドー(会堂)

11. カタイ(固い.堅い)　　12. カタン(加担.下端)
　　カダイ(課題)　　　　　　カダン(花壇)

13. キョータン(驚嘆)　　　14. キョート(京都；지명)
　　キョーダン(教壇)　　　　キョード(郷土)

15. キョートー(教頭)　　　16. コート(coat.court)
　　キョードー(共同.協同)　コード(cord.code)

17. コートー(高等.口頭)　18. ゴートー(強盗)
　　コードー(行動.講堂)　　ゴードー(合同)

19. サトー(砂糖)　　　　　20. シタイ(死体)
　　サドー(茶道)　　　　　　シダイ(私大)

21. ジタイ(事態)　　　　　22. シテン(支店)
　　ジダイ(時代)　　　　　　シデン(市電)

23. シンテン(進展)　　　　24. シント(信徒)
　　シンデン(神殿)　　　　　シンド(震度)

25. セータイ(声帯.生態)　　26. セート(生徒)
　　セーダイ(盛大)　　　　　セード(制度)

27. セートー(正当.政党)　　28. フタン(負担)
　　セードー(青銅.聖堂)　　　フダン(不断)

29. ホーテン(法典)　　　　30. ボート(boat)
　　ホーデン(放電)　　　　　ボード(board)

31. ホートー(放蕩)　　　　32. ボートー(暴騰.冒頭)
　　ホードー(報道)　　　　　ボードー(暴動)

33. ユートー(優等)　　　　34. ユートク(有徳)
　　ユードー(誘導)　　　　　ユードク(有毒)

D。 ハ행의 경우

● 語頭에 올 때

1. ハイタイ(敗退)　　　　2. ハイテン(配点)
　　バイタイ(媒体)　　　　　バイテン(売店)

3. ハッキン(白金.発禁)　　4. ハレル(晴れる)
　　バッキン(罰金)　　　　　バレル(들키다)

5. ハンソー(搬送)　　　　6. ヒカン(悲観)
　　バンソー(伴奏)　　　　　ビカン(美観)

7. ヒコー(非行.飛行)　　　8. ヒジュツ(秘術)
　　ビコー(尾行.備考)　　　　ビジュツ(美術)

9. ヒョーテキ(標的)　　　10. ヒョーメー(表明)
　　ビョーテキ(病的)　　　　ビョーメー(病名)

11. フカ(負荷)　　　　　　12. フタ(蓋)
　　ブカ(部下)　　　　　　　ブタ(豚)

13. フヨー(不要.扶養)　　14. フンマツ(粉末)
　　ブヨー(舞踊)　　　　　　ブンマツ(文末)

15. ヘビー(heavy)　　　　16. ヘンカイ(変改)
　　ベビー(baby)　　　　　　ベンカイ(弁解)

17. ヘンキョー(辺境.偏狭)　18. ヘントー(返答)
　　ベンキョー(勉強)　　　　ベントー(弁当)

19. ホーカ(放火)　　　　　20. ホーケン(封建)
　　ボーカ(防火)　　　　　　ボーケン(冒険)

21. ホーコー(方向)　　　　22. ホースイ(放水)
　　ボーコー(暴行)　　　　　ボースイ(防水)

23. ホーセー(砲声.方正.縫製)　24. ホーセキ(宝石)
　　ボーセー(暴政)　　　　　ボーセキ(紡績)

25. ホーソー(放送.包装)　　26. ホーダイ(砲台)
　　ボーソー(暴走)　　　　　ボーダイ(膨大)

27。 ホート(方途)　　　　　28。 ホートー(放蕩)
　　 ボート(暴徒.boat)　　　　 ボートー(暴騰.冒頭)

29。 ホードー(報道)　　　　　30。 ホーネツ(放熱)
　　 ボードー(暴動)　　　　　　 ボーネツ(防熱)

31。 ホーメー(芳名)　　　　　32。 ホーラク(崩落)
　　 ボーメー(亡命)　　　　　　 ボーラク(暴落)

33。 ホシュー(補修.補習)
　　 ボシュー(募集)

● 語中 또는 語末에 올 때

1。 ウハ(右派)　　　　　　　2。 オーホー(応報)
　　 ウバ(乳母)　　　　　　　　 オーボー(横暴)

3。 カイホー(解放.開放.快報)　4。 ガクフ(樂譜)
　　 カイボー(解剖)　　　　　　 ガクブ(学部)

5。 キヒ(忌避)　　　　　　　6。 キューホー(急報)
　　 キビ(機微)　　　　　　　　 キューボー(窮乏)

7。 キョーフ(恐怖)　　　　　8。 ケーヒ(経費)
　　 キョーブ(胸部)　　　　　　 ケービ(警備.軽微)

9。 コーヒ(工費.公費)　　　 10。 コーフ(鉱夫)
　　 コービ(後尾.後備)　　　　　コーブ(後部)

11. コーホ (候補)　　　　　12. コーホー (後方)
　　コーボ (公募.酵母)　　　　　コーボー (攻防.興亡)

13. コクホー (国宝.国法)　　14. サイホー (裁縫)
　　コクボー (国防)　　　　　　サイボー (細胞)

15. シフ (師父)　　　　　　16. シュフ (主婦)
　　シブ (支部)　　　　　　　　シュブ (主部)

17. ショーハイ (勝敗)　　　18. ショーフ (娼婦)
　　ショーバイ (商売)　　　　　ショーブ (勝負)

19. ジョーフ (情夫)　　　　20. ショーホー (勝報)
　　ジョーブ (上部)　　　　　　ショーボー (消防)

21. セーヒ (正否.成否)　　 22. セーフ (政府)
　　セービ (整備.精微)　　　　　セーブ (西部)

23. タイホー (大砲)　　　　24. トーハ (党派.踏破)
　　タイボー (待望)　　　　　　トーバ (塔婆)

25. トーホー (東方)　　　　26. ナイフ (knife)
　　トーボー (逃亡)　　　　　　ナイブ (内部)

27. ハイホー (敗報)　　　　28. ホーホー (方法)
　　ハイボー (敗亡)　　　　　　ホーボー (方々)

29. ムホー (無法)　　　　　30. ユーヒ (雄飛)
　　ムボー (無謀)　　　　　　　ユービ (優美)

31. ユーホー(友邦)
    ユーボー(有望)

32. ヨーホー(用法)
    ヨーボー(要望.容貌)

33. ヨホー(予報)
    ヨボー(予防)

34. ライフ(life)
    ライブ(live)

35. レーホー(礼砲.霊峰)
    レーボー(冷房)

3/ 촉음의 유무

A. [kk]의 경우

1. アッカ(悪貨)
   アカ(赤)

2. アッキ(悪鬼)
   アキ(秋)

3. イッケン(一軒)
   イケン(意見)

4. カッキ(活気)
   カキ(柿)

5. カッコ(括弧)
   カコ(過去)

6. カッコー(格好)
   カコー(河口.火口)

7. クッセツ(屈折)
   クセツ(苦節)

8. ゲッコー(月光)
   ゲコー(下校)

9. コッケー(滑稽)
   コケー(固形)

10. サッカ(作家)
    サカ(坂)

11. シッカク(失格)　　　　12. ジッカン(実感)
　　シカク(四角)　　　　　　ジカン(時間)

13. シッキ(漆器)　　　　　14. ジッケン(実験)
　　シキ(四季)　　　　　　　ジケン(事件)

15. シッコー(執行)　　　　16. ジッコー(実行)
　　シコー(思考)　　　　　　ジコー(時効)

17. セッキ(石器)　　　　　18. テッキ(鉄器)
　　セキ(咳)　　　　　　　　テキ(敵)

19. ハッケン(発見)
　　ハケン(派遣)

B. [pp]의 경우

1. スッパイ(酸っぱい)
　　スパイ(spy)

C. [ss]의 경우

1. アッシ(圧死)　　　　　2. イッセー(一斉)
　　アシ(足)　　　　　　　　イセー(異性)

3. イッセキ(一隻)　　　　4. カッサイ(喝采)
　　イセキ(遺跡)　　　　　　カサイ(火災)

5。 ガッショー(合唱)　　　6。 カッソー(滑走)
   ガショー(画商)　　　　　カソー(火葬)

7。 ケッシテ(決して)　　　8。 ジッシュー(実習)
   ケシテ(消して)　　　　　ジシュー(自習)

9。 ジッスー(実数)　　　　10。 シッセキ(叱責)
   ジスー(字数)　　　　　　シセキ(史跡)

11。 ジッセツ(実説)　　　　12。 シッソー(失踪.疾走)
    ジセツ(自説)　　　　　　シソー(思想)

13。 ジッソク(実測)　　　　14。 トッシン(突進)
    ジソク(時速)　　　　　　トシン(都心)

15。 ニッシ(日誌)　　　　　16。 ハッセー(発生)
    ニシ(西)　　　　　　　　ハセー(派生)

17。 ブッシ(物資)　　　　　18。 ボッシュー(没収)
    ブシ(武士)　　　　　　　ボシュー(募集)

19。 ホッソク(発足)
    ホソク(補足)

D。 [tt]의 경우

1。 イッタ(行った.言った)　2。 イッチ(一致)
   イタ(居た)　　　　　　　イチ(1)

3. イッツー(一通)   4. ウッタ(売った)
   イツー(胃痛)   ウタ(歌)

5. オット(夫)   6. カッタ(勝った)
   オト(音)   カタ(肩)

7. キッテ(切手)   8. コットー(骨董)
   キテ(來て)   コトー(孤島)

9. サッチ(察知)   10. シッタ(知った)
   サチ(幸)   シタ(下)

11. シッテ(知って)   12. トッタン(突端)
    シテ(〜하고)   トタン(途端)

13. ネッタイ(熱帯)   14. ハッタ(張った)
    ネタイ(寝たい)   ハタ(旗)

15. バッター(batter)   16. フットー(沸騰)
    バター(butter)   フトー(不当)

17. モット(〜더, 더욱)   18. ワッタ(割った)
    モト(元)   ワタ(綿)

19. キッテキテクダサイ(切って來て下さい)
    キテキテクダサイ(着て來て下さい)
    キテキッテクダサイ(來て切ってクダサイ)

47 요음과 직음(直音)

A. 음절(拍)의 수(数)가 같은 경우

- 語頭에 올 때

  1. キャク(客)
     カク(格.画)

  2. ギャク(逆)
     ガク(額)

  3. キューコー(急行.休講)
     クーコー(空港)

  4. キョーギ(競技.狭義)
     コーギ(抗議.広義)

  5. キョーシツ(教室)
     コーシツ(皇室)

  6. シャイン(社員)
     サイン(sign)

  7. シュージ(習字)
     スージ(数字)

  8. シュシ(主旨.趣旨)
     スシ(寿司)

  9. シュミ(趣味)
     スミ(隅)

  10. ジョーイン(乗員.上院)
      ゾーイン(増員)

  11. ショーガク(少額)
      ソーガク(総額)

  12. ジョーカン(情感.上官)
      ゾーカン(増刊)

  13. ジョーキョー(状況.上京)
      ゾーキョー(増強)

  14. ジョーケー(情景)
      ゾーケー(造形)

15. ジョーゲン(上限)　　　16. ジョーシュー(常習)
　　ゾーゲン(増減)　　　　　ゾーシュー(増収)

17. ショーダイ(商大)　　　18. ショーダン(商談)
　　ソーダイ(早大)　　　　　ソーダン(相談)

19. ショーネン(少年)　　　20. ショコク(諸国)
　　ソーネン(壮年)　　　　　ソコク(祖国)

21. チューシン(中心)　　　22. ヒャク(百)
　　ツーシン(通信)　　　　　ハク(履く)

23. リャクゴ(略語)　　　　24. リョーボ(寮母)
　　ラクゴ(落語)　　　　　　ローボ(老母)

● 語中 또는 語末에 올 때

1. アイジョー(愛情)　　　2. イッショ(一緒)
　　アイゾー(愛憎)　　　　　イッソ(차라리)

3. イッショー(一生)　　　4. カシャ(貨車)
　　イッソー(一層)　　　　　カサ(傘)

5. カジュ(果樹)　　　　　6. カンジョー(感情)
　　カズ(数)　　　　　　　　カンゾー(肝臓)

7. ギャッキョー(逆境)　　8. コージョー(向上)
　　ギャッコー(逆行)　　　　コーゾー(構造)

9. ジキョー(自供) 10. ジギョー(事業)
   ジコー(時効)   ジゴー(次号)

11. シショー(支障.死傷) 12. シンジョー(心情)
    シソー(思想)   シンゾー(心臓)

13. ゼッキョー(絶叫) 14. ハッピョー(発表)
    ゼッコー(絶好.絶交) ハッポー(発砲)

15. ブジョク(侮辱)   16. ホーショー(報償)
    ブゾク(部族.部属)   ホーソー(放送)

17. ムチュー(夢中)   18. ユーショー(優勝)
    ムツー(無痛)   ユーソー(郵送)

B。 음절(拍)의 수(数)가 다른 경우

○ 語頭에 올 때

1. キャク(客)   2. キョー(今日)
   キヤク(規約)   キヨー(器用)

3. シャク(尺)   4. ジュー(十)
   シヤク(試薬)   ジユー(自由)

5. シューチ(周知)   6. ショーニン(証人)
   シユーチ(私有地)   シヨーニン(使用人)

7. ショク(食)　　　　　　8. ヒャク(百)
　 ショク(私欲)　　　　　　 ヒヤク(飛躍)

9. ヒョー(豹.雹)　　　　　10. ビョーイン(病院)
　 ヒヨー(費用)　　　　　　 ビヨーイン(美容院)

11. ミョー(妙)　　　　　　12. リュー(竜)
　　 ミヨー(見よう)　　　　　 リユー(理由)

○ 語中 또는 語末에 올 때

1. イシャ(医者)　　　　　　2. イショ(遺書)
　 イシヤ(石屋)　　　　　　 イシヨ(医師よ)

5) 반탁음과 탁음

○ 語頭에 올 때

1. パイ(pie)　　　　　　　2. パス(pass)
　 バイ(倍)　　　　　　　　 バス(bus.bath)

3. パック(pack)　　　　　　4. パン(빵)
　 バック(back)　　　　　　 バン(番)

5. ピン(pin)　　　　　　　6. ペン(pen)
　 ビン(瓶)　　　　　　　　 ベン(弁.便)

7. ペンチ(pinchers)　　　8. ポール(pole)
   ベンチ(bench)　　　　　 ボール(ball.bowl)

9. ポンプ(pomp)
   ボンプ(凡夫)

● 語中 또는 語末에 올 때

1. オープン(open)　　　　2. カープ(carp; 구단명)
   オーブン(oven)　　　　　カーブ(curve)

3. カンパン(甲板)　　　　4. キンペン(金pen)
   カンバン(看板)　　　　　キンベン(勤勉)

5. サンピ(賛否)　　　　　6. シンピ(神秘)
   サンビ(賛美)　　　　　　シンビ(審美)

7. スペル(spelling)　　　8. センパイ(先輩.戦敗)
   スベル(滑る)　　　　　　センバイ(専売)

9. ゼンポー(前方)　　　 10. デンプン(澱粉)
   ゼンボー(全貌)　　　　　デンブン(電文.伝聞)

6) 그 외의 것

A. ス와 ツ

● 語頭에 올 때

1. スイカ(西瓜)
   ツイカ(追加)

2. スーガク(数学)
   ツーガク(通学)

3. スカレル(好かれる)
   ツカレル(疲れる)

4. スキ(好き)
   ツキ(月)

5. スギ(杉)
   ツギ(次)

6. スキアウ(好き合う)
   ツキアウ(付き合う)

7. スク(好く)
   ツク(付く)

8. スズキ(鈴木; 姓)
   ツヅキ(続き)

9. スネル(톨아지다)
   ツネル(꼬집다)

10. スマ(須磨; 지명)
    ツマ(妻)

11. スミ(隅)
    ツミ(罪)

12. スム(住む)
    ツム(詰む)

13. スリ(刷り)
    ツリ(釣り)

14. スリアゲル(刷り上げる)
    ツリアゲル(釣り上げる)

15. スリー(three)
    ツリー(tree)

16. スル(刷る)
    ツル(鶴)

● 語中 또는 語末에 올 때

1. ウス(臼)
   ウツ(打つ)

2. バス(bus.bath)
   バツ(罰)

3. マス(摩す)　　　　　　4. マスイ(麻酔)
   マツ(松.待つ)　　　　　マツイ(松井；姓)

B. シ와 ヒ

● *語頭에 올 때*

1. シ(四.死.市)　　　　　2. シガイ(市外.市街)
   ヒ(火.妃)　　　　　　　ヒガイ(被害)

3. シカク(資格.視覚)　　 4. シク(敷く)
   ヒカク(比較)　　　　　ヒク(引く)

5. シソー(思想.志操)　　 6. シタイ(死体)
   ヒソー(悲壮)　　　　　ヒタイ(額)

7. シテー(指定)　　　　　8. シマ(島)
   ヒテー(否定)　　　　　ヒマ(暇)

9. シメー(指名)　　　　 10. シメル(閉める)
   ヒメー(悲鳴)　　　　　ヒメル(秘める)

11. シモ(霜.下)　　　　 12. ショーロン(詳論)
    ヒモ(紐)　　　　　　　ヒョーロン(評論)

13. シリョー(資料.飼料)　14. シル(知る)
    ヒリョー(肥料)　　　　ヒル(昼)

15. シロイ(白い)
    ヒロイ(広い)

16. シンイ(真意.心意)
    ヒンイ(品位)

17. シンク(辛苦)
    ヒンク(貧苦)

18. シンケツ(心血)
    ヒンケツ(貧血)

19. シンコー(進行.信仰)
    ヒンコー(品行)

20. シンコン(新婚)
    ヒンコン(貧困)

21. シンシツ(寝室)
    ヒンシツ(品質)

22. シンド(震度.深度)
    ヒンド(頻度)

23. シンピョー(信憑)
    ヒンピョー(品評)

● 語中 또는 語末에 올 때

1. カイシ(開始)
   カイヒ(会費)

2. ケーシ(軽視)
   ケーヒ(経費)

3. コクシ(酷使)
   コクヒ(国費)

4. ゴクシ(獄死)
   ゴクヒ(極秘)

5. サイシ(妻子)
   サイヒ(歳費)

6. シシ(獅子)
   シヒ(詩碑)

7. セーシ(生死.精子)
   セーヒ(正否.成否)

8. トーシ(闘士.志)
   トーヒ(逃避)

9. ユーシ(勇士.勇姿)　　10. ローシ(老死)
　　ユーヒ(雄飛)　　　　　　ローヒ(浪費)

C. ジ와 チ

● 語頭에 올 때

1. ジ(字)　　　　　　　2. ジイ(示威.辞意)
　 チ(血)　　　　　　　　 チイ(地位)

3. ジカ(時価.自家)　　　4. ジキュー(自給.時給)
　 チカ(地下.地価)　　　　チキュー(地球)

5. ジケー(自警)　　　　6. ジサン(持参.自賛)
　 チケー(地形)　　　　　チサン(治山)

7. ジジ(時事)　　　　　8. ジジョー(事情)
　 チジ(知事)　　　　　　チジョー(地上)

9. ジセキ(次席.自責)　　10. ジテキ(自適)
　 チセキ(地籍.地積)　　　チテキ(知的)

11. ジバ (磁場)　　　　12. ジビ (耳鼻)
　　チバ (千葉: 지명)　　　チビ (꼬마)

13. ジヒョー (辞表)　　14. ジャラジャラ
　　チヒョー (地表)　　　　チャラチャラ

15. ジューイ(獣医)
    チューイ(注意.中尉)

16. ジューキ(銃器)
    チューキ(中期)

17. ジューケー(重刑)
    チューケー(中継)

18. ジューケン(銃剣)
    チューケン(中堅)

19. ジュージツ(充実)
    チュージツ(忠実)

20. ジューセー(銃声)
    チューセー(忠誠)

21. ジュータイ(渋滞)
    チュータイ(中退.中隊)

22. ジューダン(縦断.銃弾)
    チューダン(中断.中段)

23. ジューユ(重油)
    チューユ(注油)

24. ジューヨー(重要)
    チューヨー(中庸)

25. ジョーイン(上院.乗員)
    チョーイン(調印)

26. ジョーカ(浄化.城下)
    チョーカ(長歌.弔花)

27. ジョーキ(上記.蒸気)
    チョーキ(長期.弔旗)

28. ジョーキャク(乗客)
    チョーキャク(弔客)

29. ジョーコク(上告)
    チョーコク(彫刻)

30. ジョーシ(情死)
    チョーシ(調子)

31. ジョージュ(成就)
    チョージュ(長寿)

32. ジョーシュー(常習)
    チョーシュー(聴衆)

33. ジョーセー(情勢)
    チョーセー(調整)

34. ジョーセツ(常設)
    チョーセツ(調節)

35. ジョータツ(上達)　　　　36. ジョーハツ(蒸発)
　　チョータツ(調達)　　　　　　チョーハツ(長髪)

● 語中 또는 語末에 올 때

1. イジ(維持)　　　　　　　2. カイジュー(怪獣)
　　イチ(位置)　　　　　　　　カイチュー(懐中)

3. カイジョー(会場)　　　　4. カジ(家事)
　　カイチョー(会長)　　　　　カチ(価値)

5. キジ(記事)　　　　　　　6. ケージョー(経常)
　　キチ(基地)　　　　　　　　ケーチョー(慶弔)

7. サイジョー(最上)　　　　8. セージョー(正常)
　　サイチョー(最長)　　　　　セーチョー(成長.静聴)

9. トージョー(登場.搭乗)　10. ムジ(無地)
　　トーチョー(登頂.盗聴)　　　ムチ(無知)

11. ヨジ(4時)　　　　　　　12. レージ(0時)
　　ヨチ(予知)　　　　　　　　レーチ(霊地)

제2장 일본어의 악센트

제2장 일본어의 악센트

1. 일본어 악센트의 특징

일본어의 악센트에는 다음과 같은 법칙이 있다.

1. 앞에서 언급한 것과 같이, 일본어의 악센트는 강약이 아닌 高低 악센트이다.
2. 한 단어 안에서의 첫 음절과 둘째 음절은 반드시 악센트의 위치가 바뀐다.
3. 한 단어 안에서 악센트가 한번 내려가면, (高악센트에서 低악센트로 바뀌면) 다시 올라가지 못한다.

이와 같은 법칙에 따라 한 단어에 있어서의 악센트를 분류해 보면 다음과 같이 크게 세 가지로 나눌 수 있다.

1. 頭高型 : 한 단어 안에서 첫 음절이 높으며, 둘째 음절부터 마지막 음절까지 계속 낮은 형태이다.

    (3음절의 경우)　●●●
    　　　　　　　　ド イ ツ　（독일）
    　　　　　　　　キョ ー ト　（京都; 일본 지명）
    　　　　　　　　ビ ー ル　（맥주）

    (4음절의 경우)　●●●●
    　　　　　　　　カ ン コ ク　（한국）
    　　　　　　　　チュ ー ゴ ク　（중국）

2. 平板型 : 頭高型과는 정 반대의 형태로, 첫 음절이 낮으며 둘째 음절부터 마지막 음절까지 계속 높은 형태이다.

(3음절의 경우) ●●●
タ バ コ (담배)
シ ブ ヤ (渋谷; 일본 지명)

(4음절의 경우) ●●●●
シ ン ブ ン (신문)
ヨ コ ハ マ (横浜; 일본 지명)

(5음절의 경우) ●●●●●
こ ん に ち は(わ) (낮 인사)
さ よ う な ら (헤어질 때 인사)

3. 中高型 : 이것은 한 단어 안에서 첫 음절의 악센트가 낮으며, 둘째 음절만(혹은 둘째 음절부터) 높아져 그 단어 안의 그 다음 어느 음절에선가 낮아지는 형태이다. 예를 들어 어떤 단어가 3음절의 단어이면

●●● : コ コ ロ (마음)
　　　 ニ ホ ン (일본)

이러한 형태가 되며, 어떤 단어가 4음절의 단어이면 다음과 같은 두 가지형태가 존재한다.

●●●● : ス ペ イ ン (스페인; 나라이름)
　　　　 ミ ツ ビ シ (三菱; 회사이름)

●●●● : ア ン ナ イ (안내)
　　　　 タ イ ワ ン (대만)

또, 다섯 음절의 단어이면 다음과 같이 세가지의 형태를 생각할 수 있다.

●●●●● : ア リ ガ ト ー (고맙다는 인사)
　　　　　 マ レ ー シ ア (말레이시아)

●●●●● ： イケブクロ (池袋 ; 지명)
　　　　　タイシカン (대사관)

●●●●● ： ニホンジン (일본사람)
　　　　　スギナミク (杉並区 ; 지명)

이와 같이 한 단어 안에서 중간(가운데) 부분이 높은 형태를 中高型 그런데 여기서 또 하나 언급하고 싶은 것은 尾高型에 대해서 이다. 이 尾高型이라는 것은

ハナ (花 ; 꽃)
ハナ (鼻 ; 코)

와 같이 한 단어 안에 있어서의 악센트는 같으나, 그 뒤에 조사가 붙을 때이라 한다.

ハナガ (꽃이)

처럼 그 뒤에 붙는 조사의 악센트가 낮아지는 형태를 가르킨다. 그렇기 때문에

ハナガ (코가)

처럼 그 뒤에 조사가 붙어도 붙은 조사의 음절까지 악센트가 계속 높은 형태를 平板型이라 하여 구분하기도 하며, 혹 그 단어 뒤에 「ですか(입니까?)」를 붙여서 「で」까지 높으면 平板型, 「で」에서 낮아지면 尾高型이라고 구분하기도 한다.

ハナデスカ (꽃입니까?) ; 尾高型
ハナデスカ (코입니까?) ; 平板型

그런데 여기서 주의하지 않으면 안 될 것은, 명사일 경우 尾高型의 명사에 조사 「の(의)」가 붙을 때는 平板型이 된다는 것이다.

ハシガ (다리가)　　ハナガ (꽃이)
ハシノ (다리의)　　ハナノ (꽃의)

그렇기에 이것을 바꾸어서 이야기해 보면, 어떠한 명사에 조사 「の」를 붙여서 발음하게 되면, 그 명사가 平板型 명사이던 尾高型 명사이던 구분없이 그 악센트가 같아진다는 것이다.

그런데, 나는 여기에서 도표나 그림(선)을 그려서 설명하는 입장을 취하지 않고, 동경 외국어 대학(佐久間先生)에서 배운 그대로 아라비아 숫자를 도입하여 판별하는 방법을 취하기로 한다.

악센트가 높은 곳에서 낮아지는(떨어지는) 곳을 일반적으로 「악센트의 폭포」라고 불리우는데 이것은 음절과 음절 사이에 존재한다. 그리고 악센트가 낮아지는(떨어지는) 바로 앞의 높은 음절을 일반적으로 「악센트의 핵」이라 불리운다.

즉, 여기서 내가 취하고자 하는 방법은 악센트의 핵을 그 단어의 맨 뒤(끝) 음절에서 첫 음절 쪽으로 거꾸로 세어, 악센트의 핵이 있는 자리를 숫자로 표기하는 것이다.

예를 들면, 모든 平板型은 악센트가 낮아지는 곳이 없기에 「0」(zero)라고 표기하며, 모든 尾高型은 그 단어의 맨 마지막 음절에 악센트의 핵이 존재하므로 「―1」이라 표기하고, カンコク(한국)은 「―4」로 표기하며, アナタ(당신)과 같은 경우는 ●●● 의 악센트이므로 「―2」로 표기하는 것이다.

그러나 여기에서 주의해야 할 것은, 일본어의 악센트에 있어서 악센트의 핵은 일본어의 음절 중, 특별음절이라 불리우는 「ッ」(促音)이나 「ン」(撥音)에는 악센트의 핵이 오지 못하며, 또 장음(長音)이나 연모음(連母音) [ai]에도 악센트의 핵이 오지 못 한다는 것이다. 그렇기 때문에 促音(ッ)이나 撥音(ン), 長音이나 連母音에 악센트의 핵이 존재할 때는 일반적으로 악센트의 핵은 한음절(拍) 앞으로(왼쪽으로) 이동하게 된다. 여기에 대해서는 차후에 다시 한번 예를 들어가며 구체적으로 설명하기로 하겠다.

또 하나 주의해야 할 것은 원래 다른 단어이었던 말들이 결합하여 새로운 하나의 단어가 될 때, 악센트가 바뀐다는 것이다. 예를 들면, アサヒ(아침 해)와 シンブン(신문)이 결합하여 「아사히 신문」이라는 하나의 새로운 단어 (이 경우; 고유명사)가 될 때, 악센트는 다음과 같이 변한다.

アサヒシンブン (아사히 신문)

예를 하나 더 들어보면
　　　　　ソ｜ツ ギョ ー　(졸업)「0」과
　　　　　ロ｜ン ブ ン　　(논문)「0」이 결합하여 새로운 단어

「졸업논문」이 될 때는
　　　　　ソ｜ツ ギョ ー ロ｜ン ブ ン 「ー4」가 된다.

17 악센트를 결정하는 말들

어떠한 단어 뒤에 다른 말이 붙을 때, 그 붙는 말 때문에 악센트가 결정되어 버리는, 바꾸어 이야기 하면 어떠한 단어 뒤에 붙는 말이 악센트를 결정시켜 버리는 경우를 살펴보기로 한다. 예를 들어 설명하면 ド｜イツ (독일) 「ー3」이란 단어에 「語」를 붙이면 ドイツゴ (독일어)가 되는데, 이 때의 악센트가 「語」라는 말 때문에 ド｜イツゴ 「0」(平板型)가 되는 경우와 같은 것을 말한다.

1. 「0」(平板型)을 만드는 말

A. ～語
　　　ラテン「0」(라틴)　　　→　ラテンゴ「0」(라틴어)
　　　イタリア「0」(이탈리아)　→　イタリアゴ「0」(이탈리아어)
　　　ロシア「ー3」(러시아)　　→　ロシアゴ「0」(러시아어)
　　　インド「ー3」(인도)　　　→　インドゴ「0」(인도어)
　　　カンコク「ー4」(한국)　　→　カンコクゴ「0」(한국어)
　　　チューゴク「ー4」(중국)　→　チューゴクゴ「ー4」(중국어)

B. ～的
　　　ニホン「ー2」(일본)　　 →　ニホンテキ「0」(일본적)
　　　カンコク「ー4」(한국)　 →　カンコクテキ「0」(한국적)
　　　チューゴク「ー4」(중국)　→　チューゴクテキ「0」(중국적)

C. 〜中
　　会議中、通話中

D. 〜行き(행)
　　ロンドン行き、ソウル(서울)行き

E. 〜製
　　香港(ホンコン)製、日本製

F. 〜色
　　赤色、青色

G. 〜教
　　キリスト教、天理教　/　예외: 仏教.回教

H. 〜場
　　運動場、駐車場

I. 〜代 (돈)
　　車代

J. 〜家 (사람)
　　政治家、専門家、活動家

K. 〜型
　　血液型、95年型

L. 〜課
　　学生課、教務課

M. 〜科
　　耳鼻科、産婦人科

N. 〜制
　　君主制、天皇制

O. 〜用
　　営業用、婦人用

P. 〜病
　　糖尿病、皮膚病

Q. 〜党
　　自民党、社会党

R. 〜線（전차）
　　中央線、都営三田線

S. 〜堂
　　礼拝堂、公会堂

T. 〜流
　　二刀流、

U. 〜側
　　左側、右側

V. 〜隊
　　予備隊、先発隊

W. 〜画
　　日本画、洋画

X. 〜組
　　5人組

Y. ～寺(てら)
   清水寺

Z. ～版
   縮刷版

2. 「—2」를 만드는말

   대표적으로 몇 개만 적어보면 다음과 같다.

   A. ～区
      新宿区、板橋区、港区

   B. ～費
      軍事費、図書費 / 예외: 防衛費「—3」(주)

   C. ～市
      千葉市、京都市

   D. ～士 (사람)
      辯護士、辯理士 / 예외: 会計士「—3」(주)

   E. ～社
      雑誌社、

   F. ～器
      消火器、受話器

   G. ～部
      調査部、経理部

H. 〜機
　　掃除機、複写機 ／예외: 写真機「ー3」(주)

I. 〜手
　　内野手、外野手、捕手

> 注　「〜費」「〜機」등은 원래「ー2」를 만드는 말이기에 防衛費(ボーエーヒ) 写真機(シャシンキ) 등도「ー2」가 되어야 하나, 앞에서 설명한 것과 같이 악센트의 핵이 있어야 할 자리가 長音과 撥音(ン)이기에 (長音과 撥音에는 악센트의 핵이 오지못함), 바꾸어 이야기하면 促音과 撥音, 連母音과 長音에 악센트의 핵이 올 때는 악센트의 핵이 한 음절 앞(왼쪽)으로 이동하는 법칙에 따라 각각「ー3」이 된다.

3. 「ー3」을 만드는 말

A. 〜会
　　クラス会、学生会

B. 〜県
　　長崎県、青森県

C. 〜駅
　　高円寺駅、巣鴨駅

D. 〜学
　　心理学、比較言語学 ／예외: 音声学．経営学「ー4」(앞의 주를 참고)

E. 〜人
　　韓国人、イギリス人 ／예외: 日本人、朝鮮人은 각각「ー2」이다.

F. ～省
   文部省、外務省

G. ～員
   係員、会社員

H. ～店
   喫茶店、代理店 /예외: 専門店;「―4」

I. ～室
   図書室、地下室 /예외: 研究室;「―4」

J. ～券
   前売り券、整理券

K. ～城
   大阪城、名古屋城

L. ～館
   図書館、映画館

M. ～局
   電話局、テレビ局 /예외: 放送局;「―4」

N. ～料
   電話料、電気料

O. ～力
   暗記力、生活力 /예외: 指導力;「―4」

P. ～川(がわ)
   隅田川

4. 두 개의 단어가 합하여 새로운 단어가 되는 경우

A. 自己 + 批判 → 自己批判「ー3」
B. 京都 + 支店 → 京都支店「ー3」
C. 青森 + りんご → 青森りんご「ー3」
D. 国語 + 辞典 → 国語辞典「ー3」
E. 防衛 + 予算 → 防衛予算「ー3」
F. 研究生 + 指導 → 研究生指導「ー3」
G. 室町 + 時代 → 室町時代「ー3」
H. 朝日 + 新聞 → 朝日新聞「ー4」
I. 卒業 + 論文 → 卒業論文「ー4」
J. 筑波 + 大学 → 筑波大学「ー4」
K. 富士 + 銀行 → 富士銀行「ー4」
L. 恋愛 + 小説 → 恋愛小説「ー4」
M. 国語 + 政策 → 国語政策「ー4」
N. 作文 + 教育 → 作文教育「ー4」
O. 教育 + 問題 → 教育問題「ー4」

2) 동음이의어의 경우

그러면 여기서는 발음은 같지만 악센트에 의해 그 의미가 다른 경우를 살펴보기로 한다.

A. 한 음절(1拍)의 단어

1。 イ (胃)「0」
　　 (意)「ー1」

2。 エ (柄)「0」
　　 (絵)「ー1」

3。 キ (気)「0」
　　 (木)「ー1」
　　 (粉)「ー1」

4。 コ (子)「0」

5。 シ (詩)「0」　　　　　　6。 ナ (名)「0」
　　　(死)「—1」　　　　　　　(菜)「—1」

7。 ネ (値)「0」　　　　　　8。 ハ (葉)「0」
　　　(根)「—1」　　　　　　　(歯)「—1」

9。 ヒ (日)「0」:「その日によって」は「—1」임.
　　　(火)「—1」

B. 두 음절(2拍)의 단어

　1。 アカ (赤)「—2」　　　　2。 アキ (空き)「0」
　　　　(垢)「—1」　　　　　　　(秋)「—2」

　3。 アク (開く)「0」　　　　4。 アサ (朝)「—2」
　　　　(悪)「—2」　　　　　　　(麻)「—1」

　5。 アジ (鯵)「—2」　　　　6。 アメ (飴)「0」
　　　　(味)「0」　　　　　　　　(雨)「—2」

　7。 イキ (生き)「0」　　　　8。 イシ (医師.意志)「—2」
　　　　(息)「—2」　　　　　　　(石)「—1」

　9。 イジ (維持)「—2」　　　10。 イチ (市.位置)「—2」
　　　　(意地)「—1」　　　　　　(一)「—1」

　11。 イル (居る.要る)「0」　12。 ウキ (浮き)「0」
　　　　(射る.鋳る)「—2」　　　(雨期.雨季)「—2」

13。 ウミ （海）「ー2」　　　14。 ウム （有無）「ー2」
　　　　（生み.産み）「0」　　　　　　（生む.産む）「0」

15。 ウリ （売り）「0」　　　16。 ウル （売る）「0」
　　　　（瓜）「ー2」　　　　　　　　（得る）「ー2」

17。 オク （置く）「0」　　　18。 オス （押す）「0」
　　　　（奥.億）「ー2」　　　　　　（雄）「ー1」

19。 オン （音）「0」　　　　20。 カウ （買う）「0」
　　　　（恩）「ー2」　　　　　　　　（飼う）「ー2」

21。 カキ （柿）「0」　　　　22。 カク （欠く）「0」
　　　　（牡蛎.夏季）「ー2」　　　　（核.書く）「ー2」
　　　　（垣）「ー1」　　　　　　　　（角）「ー1」

23。 カシ （貸し）「0」　　　24。 カタ （肩）「ー2」
　　　　（歌詞.菓子）「ー2」　　　　（方.型）「ー1」

25。 カチ （価値）「ー2」　　26。 カブ （株）「0」
　　　　（勝ち）「ー1」　　　　　　（下部）「ー2」

27。 カミ （神）「ー2」　　　28。 カリ （借り）「0」
　　　　（紙.髪）「ー1」　　　　　　（狩り）「ー2」

29。 キク （聞く）「0」　　　30。 キル （着る）「0」
　　　　（菊）「ー1」　　　　　　　（切る）「ー2」

31。 コト （琴.古都）「ー2」　32。 サカ （茶菓）「ー2」
　　　　（事.言）「ー1」　　　　　　（坂）「ー1」

33。サク（咲く）「0」　　　34。サケ（酒）「0」
　　　（裂く）「ー2」　　　　　（鮭）「ー2」

35。シク（敷く）「0」　　　36。ジバ（磁場）「ー2」
　　　（市区．詩句）「ー2」　　（地場）「ー1」

37。ジュン（順）「0」　　　38。ジョシ（助詞）「0」
　　　（純．準）「ー2」　　　　（女子）「ー2」

39。ジョジ（女児）「ー2」　40。シル（知る）「0」
　　　（助辞）「0」　　　　　　（汁）「ー2」

41。シロ（城）「0」　　　　42。スミ（隅）「ー2」
　　　（白）「ー2」　　　　　　（炭．墨）「ー1」

43。スリ（소매치기）「ー2」44。スル（〜하다）「0」
　　　（刷り）「ー1」　　　　　（刷る）「ー2」

45。セキ（席）「ー2」　　　46。ソノ（ユ）「0」
　　　（咳）「ー1」　　　　　　（園）「ー2」

47。タビ（旅）「ー1」　　　48。チリ（塵）「0」
　　　（足袋）「ー2」　　　　　（地理）「ー2」

49。ツイ（対）「0」　　　　50。ツキ（突き）「0」
　　　（무심결에）「ー2」　　　（月）「ー1」

51。ツギ（継ぎ）「0」　　　52。ツム（摘む．積む）「0」
　　　（次）「ー1」　　　　　　（詰む）「ー2」

53。 ツメ（爪）「0」　　　　　　54。 ツヤ（艶）「0」
　　　（詰め）「ー1」　　　　　　　（通夜）「ー2」

55。 ツユ（梅雨）「0」　　　　　56。 ツル（釣る）「0」
　　　（露）「ー2」　　　　　　　　（鶴）「ー2」

57。 テン（点）「0」　　　　　　58。 トシ（都市）「ー2」
　　　（天）「ー2」　　　　　　　　（年）「ー1」

59。 ナシ（無し）「ー2」　　　　60。 ナミ（並）「0」
　　　（梨）「ー1」　　　　　　　　（波）「ー1」

61。 ニジ（2時.2次）「ー2」　　62。 ニワ（庭）「0」
　　　（虹）「0」　　　　　　　　　（2羽）「ー2」

63。 ネル（寝る）「0」　　　　　64。 ノビ（野火）「ー2」
　　　（練る）「ー2」　　　　　　　（伸び）「ー1」

65。 ハイ（灰）「0」　　　　　　66。 ハク（履く）「0」
　　　（예）「ー2」　　　　　　　　（吐く）「ー2」

67。 ハシ（端）「0」　　　　　　68。 ハチ（蜂）「0」
　　　（箸）「ー2」　　　　　　　　（鉢.八）「ー1」
　　　（橋）「ー1」

69。 ハナ（鼻）「0」　　　　　　70。 ハラ（原）「ー2」
　　　（花）「ー1」　　　　　　　　（腹）「ー1」

71。 ハル（張る）「0」　　　　　72。 バン（晩）「0」
　　　（春）「ー2」　　　　　　　　（番）「ー2」

73. ヒビ（日々）「ー2」　　74. ヒョー（票.表）「0」
　　　（罅）「ー1」　　　　　　　（豹）「ー2」

75. フル（振る）「0」　　　76. マク（巻く）「0」
　　　（降る）「ー2」　　　　　　（蒔く）「ー2」
　　　　　　　　　　　　　　　　（幕.膜）「ー1」

77. マゴ（馬子）「ー2」　　78. マス（増す）「0」
　　　（孫）「ー1」　　　　　　　（升）「ー1」

79. ミチ（道）「0」　　　　80. ムシ（虫）「0」
　　　（未知）「ー2」　　　　　　（無視）「ー2」
　　　　　　　　　　　　　　　　（蒸し）「ー1」

81. メス（召す）「ー2」　　82. モモ（桃）「0」
　　　（雌）「ー1」　　　　　　　（股）「ー2」

83. モリ（森）「0」　　　　84. モル（盛る）「0」
　　　（守り）「ー2」　　　　　　（漏る）「ー2」
　　　（漏り）「ー1」

85. ヤク（焼く）「0」　　　86. ヤム（止む）「0」
　　　（約.訳）「ー2」　　　　　（病む）「ー2」

87. ヨイ（宵）「0」　　　　88. ヨク（良く）「ー2」
　　　（良い）「ー2」　　　　　　（欲）「ー1」

89. レー（礼）「0」　　　　90. ワク（沸く）「0」
　　　（例.零）「ー2」　　　　　（枠）「ー1」

91。ワシ （鷲）「0」
　　　　（和紙）「−2」

C. 세 음절(3拍)의 단어

1。アタリ （当たり）「0」
　　　　　（辺り）「−3」

2。アツイ （厚い）「0」
　　　　　（暑い．熱い）「−2」

3。アッカ （悪化）「0」
　　　　　（悪貨）「−3」

4。イガイ （遺骸）「0」
　　　　　（以外）「−3」

5。イケル （行ける）「0」
　　　　　（生ける）「−2」

6。イケン （違憲）「0」
　　　　　（意見）「−3」

7。イコー （移行．意向）「0」
　　　　　（以降）「−3」

8。イジョー（異常．異状）「0」
　　　　　（以上）「−3」

9。イショク（移植）「0」
　　　　　（衣食）「−3」

10。イゼン （依然）「0」
　　　　　（以前）「−3」

11。イタイ （遺体）「0」
　　　　　（痛い）「−2」

12。イツカ （五日）「0」
　　　　　（언젠가）「−3」

13。イヤク （違約．意訳）「0」
　　　　　（医薬）「−3」

14。イライ （依頼）「0」
　　　　　（以來）「−3」

15。インシ （印紙）「0」
　　　　　（因子）「−3」

16。ウッテ （売って）「0」
　　　　　（打って）「−3」

17. エンギ （縁起）「0」　　　18. オモイ （重い）「0」
　　　　　（演技）「－3」　　　　　　　　（思い）「－2」

19. カエル(蛙.変える)「0」　20. カガク(化学.科学)「－3」
　　　　　（帰る）「－3」　　　　　　　　（価額）「0」

21. ガクシ （学士）「－3」　　22. カゲキ （過激）「0」
　　　　　（学資）「0」　　　　　　　　　（歌劇）「－3」

23. カケル （欠ける）「0」　　24. カシヤ （貸家）「0」
　　　　　（掛ける）「－2」　　　　　　　（菓子屋）「－2」

25. カセン （架線）「0」　　　26. カダン （下段）「0」
　　　　　（河川）「－3」　　　　　　　　（花壇）「－3」

27. カッテ （勝手）「0」　　　28. カラス （枯らす）「0」
　　　　　（勝って）「－3」　　　　　　　（烏）「－3」

29. カンゴ （漢語）「0」　　　30. キジュツ （記述）「0」
　　　　　（看護）「－3」　　　　　　　　（奇術）「－3」

31. キゾク （帰属）「0」　　　32. ケーキ（景気）「0」
　　　　　（貴族）「－3」　　　　　　　（刑期.cake）「－3」

33. ケーゴ （敬語）「0」　　　34. ケージ （刑事）「－3」
　　　　　（警護）「－3」　　　　　　　　（掲示.啓示）「0」

35. ゲカイ(外科医)「－2」　　36. ゲンゴ （原語）「0」
　　　　　（下界）「0」　　　　　　　　　（言語）「－3」

37。 ケンシ（剣士．犬歯）「ー3」　38。 ケンジ（検事）「ー3」
　　　　（検視．検死）「0」　　　　　（献辞．顕示）「0」

39。 ゲンシ（原始．原子）「ー3」　40。 コエル（越える）「0」
　　　　（減資．原詩）「0」　　　　　（肥える）「ー2」

41。 ゴエン（五円）「ー3」　42。 コーシ（格子）「0」
　　　　（御縁）「ー2」　　　　　（講師．公私）「ー3」

43。 コール（call）「ー3」　44。 コクジ（国字．告示）「0」
　　　　（凍る）「0」　　　　　（国事）「ー3」

45。 コショー（故障）「0」　46。 ゴヨー（誤用）「0」
　　　　（胡椒）「ー2」　　　　　（御用）「ー2」

47。 コレラ（콜레라）「ー3」　48。 コンキ（根気）「0」
　　　　（이것들）「ー2」　　　　（今期．婚期）「ー3」

49。 サトー（佐藤；姓）「ー3」　50。 サドー（作動）「0」
　　　　（砂糖）「ー2」　　　　　（茶道）「ー3」

51。 サンカ（賛歌．惨禍）「ー3」　52。 サンゴ（産後）「0」
　　　　（参加．産科）「0」　　　　（珊瑚）「ー3」

53。 サンバ（産婆）「0」　54。 シカイ（司会）「0」
　　　　（3羽）「ー3」　　　　　（歯科医）「ー2」

55。 シガイ（死骸）「0」　56。 シカク（資格．視覚）「0」
　　　　（市街．市外）「ー3」　　（四角）「ー1」

57。 シゲキ（刺激）「0」　　　58。 シケン（私見）「0」
　　　　（史劇）「ー3」　　　　　　　（試験）「ー2」

59。 ジコー（時効）「0」　　　60。 シジュー（始終）「ー3」
　　　　（事項）「ー3」　　　　　　　（四十）「ー2」

61。 ジシン（自信.地震）「0」　62。 シチョー（視聴.思潮）「0」
　　　　（自身）「ー3」　　　　　　　（市長）「ー2」

63。 シテー（指定.私邸）「0」　64。 ジドー（自動）「0」
　　　　（師弟.子弟）「ー2」　　　　（児童）「ー3」

65。 シハン（市販）「0」　　　66。 シメー（指名）「0」
　　　　（師範）「ー3」　　　　　　　（氏名.使命）「ー3」

67。 シメル（湿る）「0」　　　68。 シャベル（shovel）「ー3」
　　　　（閉める）「ー2」　　　　　（喋る）「ー2」

69。 ショーカ（消火.消化）「0」 70。 ショージ（障子）「0」
　　　　（商科.唱歌）「ー3」　　　　（商事）「ー3」

71。 ジョーシ（情死）「0」　　72。 ジョーブ（丈夫）「0」
　　　　（上司）「ー3」　　　　　　　（上部）「ー3」

73。 スクウ（救う）「0」　　　74。 セーカ（製菓）「0」
　　　　（巣くう）「ー2」　　　　　（成果.聖火）「ー3」

75。 セーショ（清書）「0」　　76。 セーボ（歳暮）「0」
　　　　（聖書）「ー3」　　　　　　（聖母.生母）「ー3」

77. セッシュ（節酒）「0」   78. センシ（戦死）「0」
          （接種.摂取）「ー3」   （戦士）「ー3」

79. センス（扇子）「0」   80. ソーイ（相違）「0」
          （sence）「ー3」   （創意）「ー3」

81. タオル（towel）「ー3」   82. タカイ（他界）「0」
          （手折る）「ー2」   （高い）「ー2」

83. タコー（多幸）「0」   84. ダブル（double）「ー3」
          （他校）「ー3」   （중복되다）「ー2」

85. タンカ（炭化）「0」   86. タンゴ（単語）「0」
          （単価.短歌）「ー3」   （tango）「ー3」

87. チカイ（地階）「0」   88. チカク（知覚）「0」
          （近い）「ー2」   （近く）「ー2」

89. ツケル（漬ける）「0」   90. テラス（terrace）「ー3」
          （付ける）「ー2」   （照らす）「ー2」

91. デンキ（伝記）「0」   92. テンチ（転地）「0」
          （電気）「ー3」   （天地）「ー3」

93. ドーカ（同化）「0」   94. トーシ（凍死.透視）「0」
          （銅貨）「ー3」   （闘志.闘士）「ー3」

95. ドーシ（動詞）「0」   96. トーリ（党利.桃李）「ー3」
          （同志）「ー3」   （通り）「ー1」

97。 ドキョー（度胸）「－3」　　98。 ナンカ（南下）「0」
　　　　　　（読経）「0」　　　　　　　　　（何か）「－3」

99。 ニホン（2本）「－3」　　　100。 ハヤク（破約）「0」
　　　　　　（日本）「－2」　　　　　　　　（早く）「－3」

101。 ハラス（晴らす）「－2」　102。 ハレル（晴れる）「－2」
　　　　　　（腫らす）「0」　　　　　　　　（腫れる）「0」

103。 ヒトメ（人目）「0」　　　104。 ヒロー（疲労）「0」
　　　　　　（一目）「－2」　　　　　　　　（披露）「－3」

105。 フクシ（副詞）「0」　　　106。 フサイ（負債）「0」
　　　　　　（福祉）「－2」　　　　　　　　（夫妻）「－2」

107。 ブドー（葡萄）「0」　　　108。 ヘーキ（平気）「0」
　　　　　　（武道）「－3」　　　　　　　　（兵器）「－3」

109。 ヘンジ（変事）「－3」　　110。 ホーカ（放火.放課）「0」
　　　　　　（返事）「－1」　　　　　　　　（法科.砲火）「－3」

111。 ボーシ（帽子.防止）「0」　112。 ホール(hall.hole)「－3」
　　　　　　（某氏.某紙）「－3」　　　　　　（ほうる）「0」

113。 ホソク（補足）「0」　　　114。 ホテル(hotel)「－3」
　　　　　　（細く）「－3」　　　　　　　　（火照る）「－2」

115。 メーシ（名刺.名詞）「0」　116。 ヤメル（止める）「0」
　　　　　　（名士）「－3」　　　　　　　　（病める）「－2」

117。 ユーヒ（雄飛）「−3」　　118。 ヨーイ（容易）「0」
　　　　（夕日）「0」　　　　　　　（用意）「−3」

119。 ヨーキ（陽気）「0」　　　120。 ヨーゴ（用語）「0」
　　　　（容器）「−3」　　　　　　（養護.擁護）「−3」

121。 ヨーシ（養子）「0」　　　122。 ヨージ（用事）「0」
　　　　（要旨）「−3」　　　　　　（幼児.幼時）「−3」

123。 ヨジョー（余剰.余情）「0」　124。 ローシ（老死.牢死）「0」
　　　　（四畳）「−2」　　　　　　（老師.勞使）「−3」

125。 ワカイ（和解）「0」
　　　　（若い）「−2」

D. 네 음절(4拍)의 단어

1。 アンザン（暗算）「0」　　　2。 イッケン（一見）「0」
　　　（安産）「−4」　　　　　　　（一軒）「−4」

3。 イッショー（一生）「0」　　4。 イッパイ(가득, 많이)「0」
　　　（一升）「−4」　　　　　　（한 잔）「−4」

5。 エンチョー（延長）「0」　　6。 オーシュー（押収）「0」
　　　（園長）「−4」　　　　　　（欧州）「−4」

7。 カイシン（回診.回心）「0」　8。 カイホー(解放.開放)「0」
　　　（改心）「−4」　　　　　　（介抱）「−4」

9. カッコー（格好.滑降）「0」　10. カンコク（韓国）「ー4」
　　　　（各校）「ー4」　　　　　　　（勧告）「0」

11. カンジョー（感情）「0」　12. カンセー（完成.歓声）「0」
　　　　（勘定）「ー2」　　　　　　　（閑静）「ー4」

13. カントー（完投）「0」　14. カンベン（簡便）「0」
　　　　（関東）「ー4」　　　　　　　（勘弁）「ー4」

15. キューシュー（吸収）「0」　16. キュードー（弓道）「ー4」
　　　　（九州）「ー4」　　　　　　　（旧道）「0」

17. キョーダイ（強大）「0」　18. キンゾク（金属）「ー4」
　　　　（兄弟）「ー4」　　　　　　　（勤続）「0」

19. ゲンキン（現金）「2」　20. ゲンザイ（現在）「ー4」
　　　　（厳禁）「0」　　　　　　　　（原罪）「0」

21. ケントー（検討.健闘）「0」　22. ケンドー（県道）「0」
　　　　（見当）「ー2」　　　　　　　（剣道）「ー4」

23. コーカイ（公開）「0」　24. コーコー（高校.航行）「0」
　　　　（後悔）「ー4」　　　　　　　（孝行）「ー4」

25. コーセー（公正.校正）「0」　26. サンカイ（散会）「0」
　　　　（後世）「ー4」　　　　　　　（産科医）「ー2」

27. サンサイ（山菜）「0」　28. サンジュー（30）「ー4」
　　　　（三才）「ー4」　　　　　　　（三重）「0」

29。 サンスイ（山水）「-4」   30。 シキカン（色感）「0」
        （散水）「0」   （指揮官）「-3」

31。 シューシン（終身）「0」   32。 ジューニン（重任）「0」
        （修身）「-4」   （10人）「-4」

33。 ジュービョー（重病）「0」   34。 ショーガイ（傷害）「0」
        （10秒）「-4」   （生涯）「-4」

35。 ショータイ（小隊）「0」   36。 ジョーダン（上段）「0」
        （正体．招待）「-4」   （冗談）「-2」

37。 ショーテン（昇天）「0」   38。 ショーニン（証人）「0」
        （商店）「-4」   （商人）「-4」

39。 ショーヒン（商品）「-4」   40。 ショーホー（商法）「-4」
        （賞品）「0」   （勝報）「0」

41。 シンキュー（進級）「0」   42。 シンキョー（心境）「0」
        （新旧）「-4」   （新教）「-4」

43。 シンショク（浸食）「0」   44。 シンセツ（新説．新設）「0」
        （寝食）「-4」   （親切）「-4」

45。 シントー（浸透）「0」   46。 スイヘー（水平）「0」
        （神道）「-4」   （水兵）「-4」

47。 セーフク（制服．征服）「0」   48。 セーヨー（静養）「0」
        （正副）「-4」   （西洋）「-4」

49. セッショー（折衝）「0」　　50. センコー（専攻．先行）「0」
　　　　　（殺生）「ー4」　　　　　　　　（線香）「ー4」

51. センセー（専制．宣誓）「0」　52. ゼンセー（善政）「0」
　　　　　（先生）「ー2」　　　　　　　　（全盛）「ー4」

53. セントー（戦闘）「0」　　　54. センニン（専任．選任）「0」
　　　　　（銭湯）「ー4」　　　　　　　　（仙人）「ー2」

55. センリョー（占領）「0」　　56. ソーチョー（早朝）「0」
　　　　　（千両）「ー4」　　　　　　　　（総長）「ー4」
　　　　　（染料）「ー2」

57. タイガイ（対外）「0」　　　58. タイショー（対象）「0」
　　　　　（体外）「ー4」　　　　　　　　（大将）「ー4」

59. ダイショー（代償）「0」　　60. タイヨー（大洋）「0」
　　　　　（大小）「ー4」　　　　　　　　（太陽）「ー4」

61. タンセー（丹精）「ー4」　　62. タントー（短刀）「ー2」
　　　　　（嘆声）「0」　　　　　　　　　（担当）「0」

63. チューガイ（中外）「ー4」　64. チューショー（中小）「ー4」
　　　　　（虫害）「0」　　　　　　　　　（中傷）「0」

65. テーコク（定刻）「0」　　　66. ドージョー（同情）「0」
　　　　　（帝国）「ー4」　　　　　　　　（道場）「ー4」

67. トーセー（統制）「0」　　　68. トーブン（当分）「0」
　　　　　（当世）「ー4」　　　　　　　　（糖分）「ー4」

69。トーヨー（当用）「0」　　70。トールイ（盗塁）「0」
　　　　　（東洋）「ー4」　　　　　　　（糖類）「ー4」

71。ナイカク（内角）「0」　　72。ハイケー（背景）「0」
　　　　　（内閣）「ー4」　　　　　　　（拝啓）「ー4」

73。ハッカク（発覚）「0」　　74。ハンジョー（繁盛）「ー4」
　　　　　（八角）「ー1」　　　　　　　（半畳）「ー2」

75。ヒトアシ（人足）「0」　　76。ホーソー（放送.包装）「0」
　　　　　（一足）「ー3」　　　　　　　（疱瘡）「ー4」

77。ヨージョー（洋上）「0」　78。ヨージン（要人）「0」
　　　　　（養生）「ー2」　　　　　　　（用心）「ー4」

E. 다섯 음절(5拍)의 단어

1。アラワレル（洗われる）「0」
　　　　　（現れる）「ー2」

37 그 외 단어의 악센트

① 외국의 지명

アイスランド「ー3」	アジア「ー3」
アテネ「ー3」	アトランタ「ー3」
アフリカ「0」	アマゾン「ー4」

アメリカ「0」	アラスカ「0」
アラビア「0」	アラブ「ー3」
アリゾナ「0」	アルジェリア「0」
アルゼンチン「ー4」	アルバニア「0」
アンカラ「0」	アンゴラ「0」
アンデス「ー4」	アンマン「ー4」
イエメン「ー3」	イギリス「0」
イスタンブール「ー3」	イスラエル「ー3」
イスラマバード「ー3」	イタリア「0」
イラク「ー3」	イラン「ー3」
インディアナ「ー3」	インド「ー3」
インドネシア「ー3」	ウィーン「ー3」
ウィンブルドン「ー4」	ウクライナ「ー3」
ウズベク「ー4」	ウラジオストク「ー2」
ウラル「ー3」	エクアドル「ー3」
エジプト「0」	エストニア「0」
エベレスト「ー3」	エルサルバドル「ー3」
エルサレム「ー3」	オークランド「ー3」
オーストラリア「ー3」	オーストリア「ー3」
オスロ「ー3」	オハイオ「ー3」
オホーツク「ー4」	オリンピア「ー4」
カイロ「ー3」	カタール「ー3」
カナダ「ー3」	カメルーン「ー3」
カラカス「ー3」	カルカッタ「ー3」
カンコク「ー4」	ガンジス「ー4」

キプロス「ー4」	キューバ「ー3」
ギリシャ「ー3」	グアテマラ「0」
グアム「ー2」	クウェート「ー3」
グリーンランド「ー3」	ケニア「ー3」
コロンボ「ー3」	コンゴ「ー3」
ザイール「ー3」	サイパン「ー4」
サハラ「ー3」	サモア「ー3」
サラエボ「0」	サンチアゴ「ー2」
サンディエゴ「ー3」	サンパウロ「ー3」
ザンビア「ー4」	サンフランシスコ「ー3」
シアトル「ー3」	シカゴ「ー2」
シチリア「0」	シドニー「ー4」
シナイ「ー3」	シベリア「0」
ジャマイカ「ー3」	ジャワ「ー2」
シャンパーニュ「ー3」	ジュネーブ「ー3」
シリア「ー3」	シンガポール「ー3」
スイス「ー3」	スウェーデン「ー4」
スーダン「ー4」	スカンジナビア「ー3」
ストックホルム「ー3」	スペイン「ー3」
スリランカ「ー3」	セーヌ「ー3」
ソウル「ー3」	タイ「ー2」
タイワン「ー2」	ダマスカス「ー3」
ダラス「ー3」	タンザニア「0」
チベット「ー3」	チューゴク「ー4」

チリ「ー2」	デンマーク「ー3」
ドイツ「ー3」	トルコ「ー3」
トロント「ー3」	ナイアガラ「0」
ナイル「ー3」	ナポリ「ー3」
ニホン「ー2」	ニューイングランド「ー6」
ニューギニア「0」	ニュージーランド「ー3」
ニューデリー「ー3」	ニューヨーク「ー3」
ネパール「ー3」	ネバダ「ー3」
パキスタン「ー4」	バグダッド「ー3」
バチカン「0」	パナマ「ー3」
ハノイ「ー3」	ハバナ「ー3」
パリ「ー2」	バルセロナ「ー3」
ハルビン「ー4」	パレスチナ「ー3」
ハワイ「ー3」	バンコク「ー4」
ヒマラヤ「0」	ヒューストン「ー5」
ビルマ「ー3」	ブータン「ー4」
ブダペスト「ー3」	プノンペン「ー4」
ブラジル「0」	フランス「0」
ブルネイ「ー3」	フロリダ「0」
ベイルート「ー3」	ベオグラード「ー3」
ベツレヘム「ー3」	ベトナム「0」
ベネチア「0」	ペルー「ー3」
ベルギー「ー2」	ベルサイユ「ー3」
ペルシャ「ー3」	ヘルシンキ「ー3」

ベルリン「0」	ベンガル「ー4」
ペンシルベニア「ー3」	ポーランド「ー3」
ボストン「ー4」	ポツダム「ー4」
ポルトガル「0」	ホンコン「ー4」
マイアミ「0」	マサチューセッツ「ー3」
マゼラン「ー4」	マニラ「ー3」
マレーシア「ー4」	ミシガン「ー4」
ミシシッピ「ー3」	ミュンヘン「ー4」
ミラノ「ー3」	メキシコ「0」
モザンビーク「ー3」	モスクワ「0」
モナコ「ー3」	モロッコ「ー3」
モンゴル「ー4」	モンブラン「ー5」
ユーゴスラビア「ー3」	ユーフラテス「ー3」
ヨーロッパ「ー3」	ヨルダン「ー4」
ラオス「ー3」	ラスベガス「ー3」
リスボン「ー4」	リトアニア「0」
リビア「ー3」	リベリア「0」
リヨン「ー3」	ルアンダ「ー3」
ルクセンブルク「ー3」	ルワンダ「ー3」
レニングラード「ー3」	ローマ「ー3」
ロサンゼルス「ー3」	ロシア「ー3」
ロンドン「ー4」	ワイキキ「0」
ワイマール「ー3」	ワシントン「ー4」
ワルシャワ「0」	

② 일본의 지명

あ	愛知「ー3」	青森「ー3」	赤坂「ー3」
	秋田「ー3」	秋葉原「ー3」	浅草「0」
	旭川「ー3」	麻布「0」	飛鳥「0」
	阿蘇「ー2」	熱海「ー3」	淡路「ー3」
	池袋「ー3」	石川「0」	伊勢「ー2」
	伊勢崎「ー3」	伊豆「0」	板橋「ー3」
	市川「ー2」	茨城「ー3」	岩手「ー3」
	岩見「ー3」	上野「0」	宇治「ー2」
	宇都宮「0」	浦和「ー1」	江戸「0」
	江ノ島「0」	愛媛「ー3」	大分「0」
	大久保「0」	大阪「0」	大津「ー3」
	大塚「0」	大宮「0」	青梅「ー3」
	大森「0」	岡崎「ー3」	小笠原「0」
	岡山「ー3」	荻窪「0」	沖縄「0」
	小田原「0」	お茶の水「0」	帯広「0」

か	香川「ー3」	鹿児島「0」	鹿島「ー3」
	神奈川「ー3」	金沢「ー3」	鎌倉「0」
	軽井沢「ー4」	川口「ー3」	川越「0」
	川崎「0」	関西「ー4」	神田「0」
	関東「ー4」	北多摩「0」	吉祥寺「0」
	木場「ー1」	岐阜「0」	九州「ー4」
	京都「ー3」	霧島「0」	桐生「ー3」
	近畿「ー3」	銀座「0」	釧路「ー2」

か	熊谷「−3」	熊本「0」	久留米「−3」
	桑名「−3」	群馬「−3」	京浜「0」
	高円寺「−5」	高知「−3」	甲府「0」
	神戸「−3」	駒込「0」	

さ	埼玉「−4」	佐賀「−2」	相模「−3」
	坂本「0」	佐倉「−3」	佐世保「0」
	札幌「0」	佐渡「−2」	山陰「0」
	山陽「0」	塩原「−3」	志賀「−2」
	滋賀「−2」	四国「−2」	静岡「−3」
	品川「0」	信濃「−3」	島根「−3」
	渋谷「0」	下田「0」	下関「−3」
	常磐「0」	新大久保「−4」	信州「−4」
	新宿「0」	新橋「−4」	巣鴨「−3」
	杉並「0」	逗子「−2」	須磨「−2」
	住吉「−3」	諏訪「−2」	世田谷「0」
	瀬戸「−2」	千住「0」	仙台「−4」

た	高崎「0」	高松「−3」	立川「−2」
	千島「−3」	秩父「−2」	千葉「−2」
	中国「−4」	銚子「0」	築地「0」
	筑波「−2」	対馬「−2」	東海「0」
	東京「0」	東北「0」	徳島「−2」
	土佐「−2」	栃木「−3」	鳥取「0」
	利根「−2」	富山「−3」	

な	中野「0」	長野「−3」	長崎「−3」

な	名古屋「ー3」	難波「0」	那覇「ー2」
	奈良「ー2」	成田「ー3」	新潟「0」
	西ノ宮「0」	日光「ー4」	日暮里「0」
	沼津「ー3」		

は	博多「0」	函館「0」	箱根「0」
	八王子「0」	浜松「ー3」	原宿「ー3」
	阪神「ー4」	東山「0」	日高「ー3」
	日立「ー2」	日向「ー3」	日比谷「0」
	姫路「0」	兵庫「ー3」	広島「0」
	福井「ー2」	福岡「ー3」	福島「ー3」
	富士「ー2」	船橋「ー3」	別府「0」
	房総「0」	北陸「0」	本州「ー4」

ま	前橋「ー4」	松江「0」	松阪「ー3」
	松島「ー2」	松本「0」	松山「ー3」
	三浦「0」	三重「ー2」	三田「0」
	三鷹「0」	水戸「0」	宮城「ー3」
	宮崎「ー3」	宮島「0」	武蔵「ー3」
	目黒「ー3」	目白「ー3」	盛岡「ー3」

や	山形「ー3」	山口「ー3」	山梨「ー3」
	横浜「0」	吉野「ー3」	四谷「0」
	米沢「ー3」	代々木「0」	

ら	琉球「ー2」	両国「0」

| わ | 若松「ー3」 | 和歌山「ー3」 |

③ 계절을 나타내는 말

| 春「ー2」 | 夏「ー1」 | 秋「ー2」 | 冬「ー1」 |

④ コソアド의 경우

この「0」	その「0」	あの「0」	どの「ー2」
これ「0」	それ「0」	あれ「0」	どれ「ー2」
ここ「0」	そこ「0」	あそこ「0」	どこ「ー2」
こちら「0」	そちら「0」	あちら「0」	どちら「ー3」
こっち「ー1」	そっち「ー1」	あっち「ー1」	どっち「ー3」
こんな「0」	そんな「0」	あんな「0」	どんな「ー3」

⑤ 의문을 나타내는 말

| いくら「ー3」 | いくつ「ー3」 | いつ「ー2」 | だれ「ー2」 |
| なぜ「ー2」 | なに「ー2」 | なにか「ー3」 | なんで「ー3」 |

⑥ 때를 나타내는 말

朝「ー2」	昼「ー1」	夜「ー2」
晩「0」	けさ「ー2」	ゆうべ「ー1」
午前「ー3」	午後「ー2」	

- おととい「ー2」　　昨日(きのう)「ー2」　　今日「ー2」
　　　　　　　　　(さくじつ)「ー3」
　明日(あした)「ー1」　あさって「ー3」　しあさって「ー3」
　　　(あす)「ー1」

- 先々週「0」　先週「0」　今週「0」　來週「0」　さ來週「0」

- 先々月「ー4」　先月「ー4」　今月「0」　來月「ー4」
  さ來月「0」

- おととし「ー3」　去年「ー3」　今年(ことし)「0」
  　　　　　　　　　　昨年「0」
  來年「0」　　　　さ來年「0」

⑦ 위치를 나타내는 말

前「ー2」	中「ー2」	後ろ「0」	そば「ー2」
上「0」	下「0」	隣「0」	右「0」
左「0」			

⑧ 방향을 나타내는 말

| 東「ー1」 | 西「0」 | 南「0」 | 北「ー1」 |

⑨ 색을 나타내는 말

青「ー2」	赤「ー2」	黒「ー2」	白「ー2」
緑「ー3」	黄色「0」	茶色「0」	紫「ー3」
ピンク「ー3」	真っ赤「ー1」	真っ黒「ー2」	真っ青「ー2」
真っ白「ー2」			

⑩ 날씨를 나타내는 말

| 雨「ー2」 | 風「0」 | 曇り「ー1」 | 晴「ー1、ー2」 |
| 雪「ー1」 | | | |

⑪ 가족관계를 나타내는 말

おじいさん「ー4」	おばあさん「ー4」	お父さん「ー4」
お母さん「ー4」	父「ー1」	母「ー2」
おじさん「0」	おばさん「0」	おじ「0」
おば「0」	お兄さん「ー4」	お姉さん「ー4」
親「ー1」	兄「ー2」	姉「0」
妹「ー1」	弟「ー1」	

⑫ 인칭대명사

1인칭	2인칭	3인칭
私(わたくし)「0」	あなた「ー2」	彼「ー2」
私(わたし)「0」	あんた「ー3」	彼女「ー3」
ぼく「ー2」	きみ「0」	
おれ「0」	おまえ「0」	

⑬ 숫자를 나타내는 말

ゼロ「ー2」	イチ「ー1」
ニ「ー1」	サン「0」
シ「ー1」(ヨン「ー2」)	ゴ「ー1」
ロク「ー1」	シチ「ー1」(ナナ「ー2」)
ハチ「ー1」	キュー「ー2」(ク「ー1」)
ジュー「ー2」	ジューイチ「ー1」
ジューニ「ー1」	ジューサン「ー4」

ジューシ「ー1」 (ジューヨン「ー2」)	ジューゴ「ー3」
ジューロク「ー1」	ジューシチ「ー1」 (ジューナナ「ー2」)
ジューハチ「ー1」	ジューキュー「ー2」 (ジューク「ー3」)
ニジュー「ー3」	サンジュー「ー4」
シジュー「ー2」 (ヨンジュー「ー4」)	ゴジュー「ー2」
ロクジュー「ー2」	シチジュー「ー2」 (ナナジュー「ー3」)
ハチジュー「ー2」	キュージュー「ー4」 (クジュー「ー2」)
ヒャク「ー1」	ニヒャク「ー1」
サンビャク「ー4」	ヨンヒャク「ー4」
ゴヒャク「ー1」	ロッピャク「ー1」
ナナヒャク「ー3」	ハッピャク「ー1」
キューヒャク「ー4」	セン「ー2」
ニセン「ー2」	サンゼン「ー2」
ヨンセン「ー2」	ゴセン「ー2」
ロクセン「ー2」	ナナセン「ー2」
ハッセン「ー2」	キューセン「ー2」
イチマン「ー2」	ニマン「ー2」
サンマン「ー2」	ヨンマン「ー2」
ゴマン「ー2」	ロクマン「ー2」
ナナマン「ー2」	ハチマン「ー2」

キューマン「ー2」 (クマン「ー2」)	….
イチオク「ー3」	ニオク「ー3」
サンオク「ー4」	ヨンオク「ー4」
ゴオク「ー3」	ロクオク「ー3」
ナナオク「ー3」	ハチオク「ー3」
キューオク「ー4」	ジューオク「ー4」
ヒトツ「ー2」	フタツ「ー1」
ミッツ「ー1」	ヨッツ「ー1」
イツツ「ー2」	ムッツ「ー1」
ナナツ「ー2」	ヤッツ「ー1」
ココノツ「ー3」	トー「ー2」

⑭ 날짜를 나타내는 말

ツイタチ「ー1」	フツカ「0」
ミッカ「0」	ヨッカ「0」
イツカ「0」	ムイカ「0」
ナノカ「0」	ヨーカ「0」
ココノカ「ー1」	トーカ「0」
ハツカ「0」	
イチガツ「ー1」	ニガツ「ー1」
サンガツ「ー4」	シガツ「ー1」
ゴガツ「ー3」	ロクガツ「ー1」
シチガツ「ー1」	ハチガツ「ー1」

クガツ「ー3」	ジューガツ「ー1」
ジューイチガツ「ー1」	ジューニガツ「ー1」

⑮ 동물이름

いぬ「ー1」	うさぎ「0」	うし「0」	うま「ー1」
おおかみ「ー4」	かめ「ー2」	からす「ー3」	きりん「0」
くじら「0」	くま「ー1」	さかな「0」	さめ「0」
さる「ー2」	しか「ー1」	すずめ「0」	ぞう「ー2」
とら「0」	とり「0」	にわとり「0」	ねこ「ー2」
ねずみ「0」	はと「ー2」	ひつじ「0」	ぶた「0」
へび「ー2」	やぎ「ー2」	ライオン「0」	わし「0」
わに「ー2」			

⑯ 물건이름
[2음절의 경우]

あし「ー1」	いえ「ー1」	いけ「ー1」	いし「ー1」
いす「0」	いと「ー2」	うち「0」	うで「ー1」
うみ「ー2」	えさ「0、ー1」	おちゃ「0」	おゆ「0」
かぎ「ー1」	かご「0」	かさ「ー2」	かね「0」
かべ「0」	かみ(紙)「ー1」	かみ(髪)「ー1」	くさ「ー1」
くち「0」	くつ「ー1」	くび「0」	くも(雲)「ー2」
こし「0」	こめ「ー1」	さけ(酒)「0」	しお「ー1」
じしょ「ー2」	シャツ「ー2」	すし「ー1」	そら「ー2」
たな「0」	たま「ー1」	ちず「ー2」	なし(梨)「0、ー1」

なべ「―2」	にく「―1」	はし(橋)「―1」	バス「―2」
パン「―2」	ひげ「0」	ふえ「0」	ふね「―2」
ほし「0」	ほん「―2」	みそ「―2」	みみ「―1」
もも(桃)「0」	やま「―1」	ゆび「―1」	

[3음절의 경우]

あたま「―1」	いちご「0」	うどん「0」	うわぎ「0」
かがみ「―1」	かばん「0」	かびん「0」	ガラス「0」
からだ「0」	きって「0、―1」	きっぷ「0」	きもの「0」
きんこ「―3」	くすり「0」	くるま「0」	けいと「0」
コーラ「―3」	こおり「0」	こども「0」	ごはん「―3」
さいふ「0」	さくら「0」	さしみ「―1」	ざっし「0」
したぎ「0」	しゃしん「0」	ジュース「―3」	すいか「0」
スキー「―2」	ズボン「―2」	だいず「0、―3」	タオル「―3」
たばこ「0」	つくえ「0」	てがみ「0」	テレビ「―3」
でんしゃ「0、―3」	でんわ「0」	トイレ「―3」	とうふ「0、―1」
とけい「0」	とだな「0」	ナイフ「―3」	にもつ「―3」
ねまき「0」	ノート「―3」	はがき「0」	はさみ「―2、―1」
バナナ「―3」	ピアノ「0」	ふくろ「―1」	ぶどう「0」
ぼうし「0」	ボール「0」	ボタン「0」	ホテル「―3」
マッチ「―3」	みかん「―3」	めがね「―3」	やかん「0」
やさい「0」	ゆびわ「0」	ラジオ「―3」	りょうり「―3」
りんご「0」			

[4음절의 경우]

ろパート「-3」	えんぴつ「0」	かみくず「-2」
かみのけ「-2」	かんばん「0」	ぎゅうにく「0」
ぎゅうにゅう「0」	ぎんこう「0」	くだもの「-3」
くつした「-3、-1」	こうえん「0」	コーヒー「-2」
こくばん「0」	じてんしゃ「-3、0」	じどうしゃ「-3、0」
しなもの「0」	しょうせつ「0」	しんぶん「0」
スカート「-3」	スリッパ「-4、-3」	セーター「-4」
せっけん「0」	タクシー「-4」	テーブル「0」
デパート「-3」	てぶくろ「-3」	トランプ「-3」
にんぎょう「0」	ネクタイ「-4」	はいざら「0」
ハンカチ「0、-4」	ひきだし「0」	ひこうき「-3」
ふうとう「0」	ポケット「-3」	みそしる「-2」
ようふく「0」	ラーメン「-4」	

⑰ 「の」를 포함한 말들

頭高型		
赤の他人	あとの祭り	息の根
うその皮	海の家	海の幸
木の実	木の芽	雲の上
芸の虫	猫の額	歯の根
母の日	針のむしろ	春の目覚め
万物の霊長	火の粉	文化の日
世の習い		

平板型		
朝のうち	麻の実	板の間
いっそのこと	今のうち	今のところ
魚の目	絵の具	竹の子
血のめぐり	茶の間	茶の湯
つかの間	梅雨の入り	床の間
年の暮れ	年の瀬	花の都
日の入り	日の暮れ	日の出
身のまわり	夢の知らせ	

尾高型; −1		
内の人	内の者	生みの親
腰の物	舌の根	面の皮
名残の月	水の泡	

中高型; −2		
梅の木	柿の木	髪の毛
仮の宿	栗の木	下の句
配水の陣	八の字	百薬の長
孫の手	見越しの松	目の前
ものの数		

中高型；−3		
あまのじゃく	赤のごはん	案の定
男の子	女の子	風のたより
気の病(やまい)	血の涙	父の日
火の元	福の神	枕の草子
幕の内	身のたけ	もののあわれ
世の中	わきの下	

中高型；−4		
晴れの場所	火の用心	またの年
やがてのこと		

2. 동사의 경우

지금까지는 주로 명사를 중심으로 해서 이야기를 해 왔지만 지금부터는 명사 외의 품사에 대해서 논하기로 한다.

A. 「0」의 동사

開ける	あげる	遊ぶ	浴びる	洗う	いじめる
いただく	行く	入れる	居る	要る	歌う
売る	置く	押す	踊る	買う	変える
替える	代える	換える	欠く	変わる	聞く
着る	くれる	殺す	消す	敷く	捨てる
さわる	死ぬ	知る	する(為る)	坐る	飛ぶ
泣く	なくす	煮る	塗る	寝る	乗る
履く	運ぶ	始める	張る	引く	勉強する
負ける	召し上がる	持ち上げる	もらう	焼く	やる
寄る	忘れる	笑う	割る…		

「0」 동사의 특징

① 위의 동사는 명사를 수식해 줄 때(연체수식 할 때)도 그대로 「0」가 된다.

　　.乗る「0」　→　乗る人「0」
　　.敷く「0」　→　敷くもの「0」

② 위의 동사에 「～ます」가 붙어서 정중체가 될 때는 「－2」가 된다.

.変える「0」　→　変えます「-2」
.遊ぶ「0」　→　遊びます「-2」

③ 위의 동사는 제2 중지형(~て형)으로 바뀌어도 그대로 「0」이다.

.飛ぶ「0」　→　飛んで「0」
.さわる「0」　→　さわって「0」
.履く「0」　→　履いて「0」

④ 위의 동사는 현재 부정형(~ない)이 되어도 「0」이다.

.変える「0」　→　変えない「0」
.泣く「0」　→　泣かない「0」

⑤ 위의 동사는 조건형(~れば)일 때는 「-2」이다.

.捨てる「0」　→　捨てれば「-2」
.買う「0」　→　買えば「-2」

⑥ 위의 동사는 의지(권유)형(~よう)일 때도 「-2」이다.

.変える「0」　→　変えよう「-2」
.殺す「0」　→　殺そう「-2」

⑦ 위의 동사는 명령형일 때는 「-1」이다.
.歌う「0」　→　歌え「-1」
.寝る「0」　→　寝ろ「-1」

B. 「-2」의 동사

会う	飽きる	集める	ある (在る)	歩く	生きる
急ぐ	動く	打つ	起きる	起こる	怒る

恐れる	思う	降りる	飼う	書く	掛ける
勝つ	悲しむ	噛む	切る	來る	断る
壊れる	叫ぶ	覚める	冷める	絞る	示す
閉める	住む	刷る	出す	立つ	食べる
樂しむ	頼む	頼る	付き合う	着く	作る
付ける	包む	手伝う	閉じる	取る	撮る
殴る	逃げる	脱ぐ	飲む	掃く	走る
離す	話す	払う	光る	響く	干す
招く	見る	持つ	休む	破る	読む
喜ぶ	……				

「-2」 동사의 특징

① 위의 동사는 명사를 수식해 줄 때(연체수식할 때)도 그대로 「ー2」가 된다.

　　　．食べる 「ー2」　→　食べる人 「ー2」
　　　．光る 「ー2」　→　光るもの 「ー2」

② 위의 동사에 「〜ます」가 붙어서 정중체가 될 때에도 그대로 「ー2」가 된다.

　　　．食べる 「ー2」　→　食べます 「ー2」
　　　．ある 「ー2」　→　あります 「ー2」

③ 위의 동사는 제2 중지형(〜て형)으로 바뀌면 「-3」이 된다.

　　　．食べる 「ー2」　→　食べて 「ー3」
　　　．話す 「ー2」　→　話して 「ー3」
　　　．立つ 「ー2」　→　立って 「ー3」

♣예외: 見る 「ー2」 → 見て 「ー2」
　　　　來る 「ー2」 → 來て 「ー2」

④ 위의 동사는 현재 부정형(~ない)이 되어도 「ー3」이다.

　　.食べる 「ー2」 → 食べない 「ー3」
　　.見る 「ー2」   → 見ない 「ー3」

⑤ 위의 동사는 조건형(~れば)일 때도 「ー3」이다.

　　.食べる 「ー2」 → 食べれば 「ー3」
　　.休む 「ー2」   → 休めば 「ー3」

⑥ 위의 동사는 의지(권유)형(~よう)일 때는 「ー2」이다.

　　.食べる 「ー2」 → 食べよう 「ー2」
　　.作る 「ー2」   → 作ろう 「ー2」

⑦ 위의 동사는 명령형일 때도 「ー2」이다.

　　.食べる 「ー2」 → 食べろ 「ー2」
　　.書く 「ー2」   → 書け 「ー2」

C. 「ー3」의 동사

かえす	帰る	考える	通す	通る	入る	まいる

「-3」 동사의 특징

① 위의 동사는 명사를 수식해 줄 때(연체수식할 때)도 그대로 「ー3」이 된다.

　　.帰る 「ー3」 → 帰る人 「ー3」

.考える「ー3」 → 考えるもの「ー3」

② 위의 동사에「〜ます」가 붙어서 정중체가 될 때는「ー2」가 된다.

.帰る「ー3」 → 帰ります「ー2」
.入る「ー3」 → 入ります「ー2」

③ 위의 동사는 제2 중지형(〜て형)으로 바뀌면「-4」이 된다.

.帰る「ー3」 → 帰って「ー4」
.通る「ー3」 → 通って「ー4」

④ 위의 동사는 현재 부정형(〜ない)이 되면 그대로「ー3」이다.
.通る「ー3」 → 通らない「ー3」
.入る「ー3」 → 入らない「ー3」

⑤ 위의 동사는 조건형(〜れば)일 때는「ー4」가 된다.

.帰る「ー3」 → 帰れば「ー4」
.入る「ー3」 → 入れば「ー4」

⑥ 위의 동사는 의지(권유)형(〜よう)일 때는「ー2」이다.

.帰る「ー3」 → 帰ろう「ー2」
.入る「ー3」 → 入ろう「ー2」

⑦ 위의 동사는 명령형일 때는 그대로「ー3」이다.

.帰る「ー3」 → 帰れ「ー3」
.入る「ー3」 → 入れ「ー3」

3. 형용사의 경우

A. 「0」의 형용사

赤い	明るい	浅い	厚い	危ない
甘い	あやしい	あらい	いけない	薄い
おいしい	遅い	重い	重たい	悲しい
硬い	軽い	黄色い	きつい	くだらない
暗い	冷たい	つらい	遠い	眠い
眠たい	丸い	難しい	優しい	易しい
よろしい				

① 위의 형용사는 명사를 수식(연체수식)할 때, 그대로 「0」이다.

  .赤い「0」 → 赤いもの「0」
  .冷たい「0」 → 冷たいもの「0」

② 위의 형용사는 「～かろう」의 형태를 취할 때, 「－2」가 된다.

  .赤い「0」 → 赤かろう「－2」
  .冷たい「0」 → 冷たかろう「－2」

③ 위의 형용사는 제1 중지형(～く형)이 될 때는 그대로 「0」이며, 제2 중지형(～くて)이 될 때는 「－3」이 된다.

  .赤い「0」 → 赤く「0」
  .冷たい「0」 → 冷たく「0」
  .赤い「0」 → 赤くて「－3」
  .冷たい「0」 → 冷たくて「－3」

단, 「あやしい」「悲しい」「優しい」처럼 「0」의 형용사 중에서 「～しい」로 끝나는 형용사는 제2 중지형(～くて) 가 될 때 「一4」가 된다.

   .あやしい「0」 → あやしくて「一4」
   .かなしい「0」 → かなしくて「一4」
   .やさしい「0」 → やさしくて「一4」

④ 위의 형용사는 반말체 과거형(～かった)가 될 때 「一4」가 된다.

   .赤い「0」 → 赤かった「一4」
   .冷たい「0」 → 冷たかった「一4」

단, 「あやしい」「悲しい」「優しい」처럼 「0」의 형용사 중에서 「～しい」로 끝나는 형용사는 「一5」가 된다.

   .あやしい「0」 → あやしかった「一5」
   .かなしい「0」 → かなしかった「一5」
   .やさしい「0」 → やさしかった「一5」

⑤ 위의 형용사는 조건형(～れば)이 되어도 「一4」이다.

   .赤い「0」 → 赤ければ「一4」
   .冷たい「0」 → 冷たければ「一4」

여기서도 위와 마찬가지로 「あやしい」「悲しい」「優しい」처럼 「0」의 형용사 중에서 「～しい」로 끝나는 형용사는 「一5」가 된다.

   .あやしい「0」 → あやしければ「一5」
   .かなしい「0」 → かなしければ「一5」
   .やさしい「0」 → やさしければ「一5」

⑥ 위의 형용사가 「～さ」의 형태로 명사가 될 때
  (예; 厚い→厚さ) 대부분이 그대로 「0」이다.

.厚い「0」→ 厚さ「0」
.重い「0」→ 重さ「0」

단, 「悲しい」 같은 것은 「ー3」으로도 발음된다.

.悲しい「0」→ 悲しさ「0」 또는「ー3」
.優しい「0」→ 優しさ「0」 또는「ー3」

B. 위의「0」를 제외한 아래의 거의 모든 형용사는 대부분「ー2」이다.

青い	暖かい	新しい	暑い	熱い
忙しい	痛い	いやしい	美しい	うまい
羨ましい	うるさい	嬉しい	大きい	おかしい
幼い	惜しい	恐ろしい	おとなしい	面白い
かゆい	辛い	かわいい	きたない	厳しい
くさい	苦しい	黒い	詳しい	濃い
細かい	怖い	寂しい	寒い	四角い
親しい	しょっぱい	白い	少ない	すごい
涼しい	すっぱい	すばらしい	鋭い	狭い
高い	正しい	樂しい	だるい	小さい
近い	強い	ない	長い	なつかしい
苦い	憎い	鈍い	ぬるい	ばかばかしい
激しい	はずかしい	早い	速い	低い
ひどい	広い	深い	太い	古い
欲しい	細い	まずい	待ち遠しい	まぶしい
短い	みにくい	空しい	めざましい	もったいない
ものすごい	やかましい	安い	柔かい	よい

弱い	若い	悪い		

♣예외 : 多い. つまらない. 待ち遠いは「－3」이다.

① 위의 형용사는 명사를 수식(연체수식)할 때, 그대로「-2」이다.

   . よい「－2」 → よいもの「－2」
   . 惜しい「－2」 → 惜しいもの「－2」
   . 短い「－2」 → 短いもの「－2」

② 위의 형용사는「～かろう」의 형태를 취할 때도, 그대로「－2」가 된다.

   . よい「－2」 → よかろう「－2」
   . 惜しい「－2」 → 惜しかろう「－2」
   . 短い「－2」 → 短かろう「－2」

③ 위의 형용사는 제1 중지형(～く형)이 될 때는「－3」이 되며, 제2 중지형(～くて)이 될 때는「－4」가 된다.

   . 惜しい「－2」 → 惜しく「－3」
   . 短い「－2」 → 短く「－3」
   . 惜しい「－2」 → 惜しくて「－4」
   . 短い「－2」 → 短くて「－4」

  그런데 위의「－2」형용사 중에서「近い」「低い」「太い」「深い」「臭い」등의 형용사와 2음절의 형용사「よい」「ない」「こい」는 다음에서 보여지듯이 제1 중지형(～く형)이 될 때는「－2」가 되며, 제2 중지형(～くて)이 될 때는「－3」이 된다.

   . 近い「－2」 → 近く「－2」
   . 低い「－2」 → 低く「－2」
   . 近い「－2」 → 近くて「－3」
   . 低い「－2」 → 低くて「－3」

．よい「ー2」 → よく「ー2」
．ない「ー2」 → なく「ー2」
．よい「ー2」 → よくて「ー3」
．ない「ー2」 → なくて「ー3」

④ 위의 형용사는 반말체 과거형(〜かった)가 될 때 「ー5」가 된다.

．惜しい「ー2」 → 惜しかった「ー5」
．短い「ー2」 → 短かかった「ー5」

그러나 위의 「ー2」 형용사중에서 「近い」 「低い」 「太い」 「深い」 「臭い」 등의 형용사와 2음절의 형용사는 반말체 과거형(〜かった) 이 될 때 「ー4」가 된다.

．近い「ー2」 → 近かった「ー4」
．低い「ー2」 → 低かった「ー4」
．よい「ー2」 → よかった「ー4」
．ない「ー2」 → なかった「ー4」

⑤ 위의 형용사는 조건형(〜れば)이 되어도 「ー5」이다.

．惜しい「ー2」 → 惜しければ「ー5」
．短い「ー2」 → 短かければ「ー5」

그러나 위의 「ー2」 형용사 중에서 「近い」 「低い」 「太い」 「深い」 「臭い」 등의 형용사와 2음절의 형용사는 조건형(〜れば)가 될 때 「ー4」가 된다.

．近い「ー2」 → 近ければ「ー4」
．低い「ー2」 → 低ければ「ー4」
．よい「ー2」 → よければ「ー4」
．ない「ー2」 → なければ「ー4」

⑥ 위의 형용사가 「〜さ」의 형태로 명사가 될 때 (예; 長い→長さ)

대부분이 「ー3」이 된다.

- 長い「ー2」　→　長さ「ー3」
- 広い「ー2」　→　広さ「ー3」
- 正しい「ー2」→　正しさ「ー3」

그러나 위의「近い」「低い」「太い」「深い」「臭い」등의 형용사와 2음절의 형용사는 (〜さ) 가 될 때 일반적으로 그대로 「ー2」 가 된다.

- 太い「ー2」　→　太さ「ー2」
- 深い「ー2」　→　深さ「ー2」
- よい「ー2」　→　よさ「ー2」
- ない「ー2」　→　なさ「ー2」

4. 부사의 경우

　부사란 활용을 하지 않기 때문에 그에 따른 일정한 법칙이 없다. 따라서 한 단어 한 단어를 외워 익힐 수 밖에 없다. 여기서의 부사란 넓은 뜻의 부사를 의미하며, 또 부사 전체를 열거하지 못하지만 일본어에 있어서 자주 그리고 많이 쓰이는 부사를 살펴보기로 한다.

あいにく「0」	あながち「0」	あまり「0」
あんまり「0」	いきなり「0」	いっこう「0」
いっそ「0」	いつも「ー3」	いっぱい (たくさん의뜻)「0」 (참고;「1杯」는 ー4임)
いま「ー2」	おそらく「ー3」	およそ「0」
かつ「ー2」	かならず「0」	かなり「ー3」
かねて「ー3」	からくも「ー4」	きっと「0」
急に「0」	きわめて「ー3」	けっきょく「0」
けっこう「ー4」	けっして「0」	こう「0」
ごく「ー2」	これから「0」	こんなに「0」
さすが「0」	さっそく「0」	さらに「ー3」
実に「ー2」	しばし「ー3」	しばらく「ー3」
じゅうぶん「ー2」	ずいぶん「ー4」	すぐ「ー2」
すこし「ー2」	ずっと「0」	すでに「ー3」
すなわち「ー3」	せっかく「0」	ぜったいに「0」
ぜひ「ー2」	せめて「ー3」	ぜんぜん「0」
そのうちに「0」	そろそろ「ー4」	だいたい「0」

たいてい「0」	だいぶ「0」	たいへん「0」
たしか「ー3」	たしかに「ー4」	ただちに「ー4」
たちまち「0」	たとえ「0」	たとえば「ー3」
たぶん「ー3」	たまに「0」	だんだん「0」
単に「ー3」	ちっとも「ー2」	ちょうど「0」
ちょっと「ー3」	つねに「ー3」	つまり「ー3」
できるだけ「0」	できれば「ー3」	どうしても「ー2」
どうせ「0」	とうとう「ー4」	ときどき「0」
とくに「ー3」	とても「0」	どのくらい「0」
とりわけ「0」	なお「ー2」	なかなか「0」
なるべく「0」	はじめて「ー3」 (동사의 경우는「0」)	はなはだ「0」
はや「ー2」	ほとんど「ー3」	ほぼ「ー2」
ほんとうに「0」	まず「ー2」	また「0」
まだ「ー2」	まだまだ「ー4」	まっすぐ「ー2」
まもなく「ー3」	まんざら「0」	みな「0」
みんな「0」	むしろ「ー3」	もう (すでにの 뜻)「ー2」
もう (さらにの뜻)「0」	もし「ー2」	もしかすると「ー6」
もちろん「ー3」	もっと「ー3」	もはや「ー3」
やく「ー2」	やっと「0」	ようやく「0」
よく「ー2」	よくも「ー3」	よろしく「0」
わざと「ー3」	わざわざ「ー4」	

그런데 부사라고 해서 전혀 어떠한 법칙이 없는 것이 아니다.
① 다음에서 보여지듯이 4음절의 부사로서 「～り」로 끝나는 것은 대부분이 「－2」이다.

うっかり	うっとり	がっかり
がっくり	がっしり	かっちり
がっちり	きっかり	ぎっしり
きっちり	きっぱり	ぐっすり
ぐったり	こっそり	ごっそり
こんもり	さっぱり	しっかり
しっくり	じっくり	しょんぼり
すっかり	すっきり	そっくり
たっぷり	どっかり	とっくり
どっさり	どっしり	どっぷり
にっこり	のんびり	はっきり
ばったり	ぱったり	ぱっちり
ひっそり	ぴったり	ふっつり
ぷっつり	ふんわり	ぽっかり
ぽっきり	ぽっくり	ほっそり
やっぱり	ゆっくり	ゆったり

② 또, 아래에서 보여지는 것과 같이, 같은 말 혹은 비슷한 말이 반복되어 쓰이는 4음절의 의성어·의태어는 일반적으로 「－4」이다. (뒤에 「～と」가 붙을 때는 「－5」가 된다.)

| かさかさ | がたがた | かちかち |
| がちがち | がつがつ | がやがや |

からから	がらがら	かりかり
がりがり	かんかん	きゅうきゅう
ぎゅうぎゅう	きらきら	ぎらぎら
きりきり	ぎりぎり	ぐたぐた
くにゃくにゃ	ぐにゃぐにゃ	くりくり
ぐりぐり	さらさら	ざらざら
ざわざわ	じたばた	じろじろ
じわじわ	ずぶずぶ	すべすべ
すらすら	するする	ずるずる
ちょろちょろ	ちらちら	ちらほら
ちりちり	つるつる	どかどか
どたばた	とんとん	どんどん
にこにこ	のろのろ	ばたばた
はらはら	ぱらぱら	ばりばり
びくびく	ひらひら	ひりひり
びりびり	ぴりぴり	べたべた
ぺたぺた	ぽちゃぽちゃ	ぼつぼつ
ぽつぽつ	ほやほや	ぼやぼや
やきもき		

③ 그러나 형용사・동사등이 중복되어 만들어진 의성어・의태어는 일반적으로「ー2」이다. (뒤에「～と」가 붙을 때는「ー3」이 된다.)

あおあお	あきあき	いきいき
かるがる	さむざむ	のびのび
はやばや	はるばる	

④ 그런데 위의 ②와 ③의 의성어·의태어 부사뒤에「に」가 붙어「~に」형태를 취할 때(예; かんかんに なって 怒る) 일반적으로 모두「0」가 된다.

ぎゅうぎゅう「ー4」	→	ぎゅうぎゅうに「0」
ぐにゃぐにゃ「ー4」	→	ぐにゃぐにゃに「0」
くりくり「ー4」	→	くりくりに「0」
つるつる「ー4」	→	つるつるに「0」
のびのび「ー2」	→	のびのびに「0」

5. 접속사의 경우

접속사도 활용을 하지 않기 때문에 그에 따른 일정한 법칙이 없다. 따라서 한 단어 한 단어를 외워 익힐 수밖에 없지만, 많이 쓰이는 접속사를 살펴보면 다음과 같다.

あるいは「ー3」	および「0」 또는「ー3」	かつ「ー2」
けれども「ー4」	さて「ー2」	しかし「ー2」
しかしながら「ー3」	しかも「ー2」	したがって「0」 또는「ー3」
すなわち「ー3」	すると「0」	そして「0」
それで「0」	それでは「ー2」	それでも「ー2」
それとも「ー2」	それなのに「ー3」	それなら「ー2」
それにしても「ー2」	だから「ー3」	だけど「ー3」
だけども「ー4」	ただし「ー3」	ちなみに「0」 또는「ー4」
ところが「ー2」	ところで「ー2」	なお「ー2」
ならびに「0」	もしくは「ー4」	要するに「ー3」

> 인용 및 참고 문헌

- 秋永一枝編 『明解日本語アクセント辞典·第二版』 (三省堂)
- NHK編 『日本語発音アクセント辞典·改訂新版』
   (日本放送出版協会)
- 北原保雄編 『日本語逆引き辞典』 (大修館書店)
- 教師用日本語教育ハンドブック⑥ 『発音』 (国際交流基金)
- 中学校国語科用 『現代の国語 1·2』 (三省堂)
- 東京外国語大学·日本語学科 佐久間先生 강의 내용
- 安田吉実·孫洛範編著 『엣센스日韓辞典』 (민중서림)

일본어의 발음과 악센트!!

저자 약력

· 1959년생
· 1990년 3월 동경외국어대학
　　　　　일본어학과 졸업
· 1993년 3월 동경학예대학
　　　　　대학원 졸업
　　　　　(교육학 석사)
· 1997년 3월 대동문화대학에서
　　　　　일본문학박사학위 취득
· 2001년 현재 청주대학교
　　　　　일어일문학과
　　　　　전임강사

著書

· 일본어 회화 입문 (제이앤씨)

일본어의 발음과 악센트

2002년　1월 15일 발행

지은이	전 성 용
발행인	윤 석 용
내지디자인	안 미 순
표지디자인	도드디자인

서울 도봉구
쌍문동 528-1
전화 :
(02)992-3253
FAX :
(02)991-1285
E-mail :
jncbook
@yahoo.co.kr
등록 :
제7-220호

- 저자 및 출판사의 허락없이 이 책의 일부 또는 전부를 무단복제·전재·발췌할 수 없습니다.
- 잘못된 책은 바꿔 드립니다.
- 질문 및 문의사항은 제이앤씨 출판부로 연락주십시오.

ⓒ 제이앤씨 2002
Printed in seoul korea

ISBN 89-89060-39-7 03730